Grandes Personnalités | numéro **31**

FRANCO
ET LA GUERRE CIVILE

— Une figure noire
de l'histoire espagnole

par Jonathan D'Haese

50MINUTES

FRANCISCO FRANCO

- **Naissance ?** Le 4 décembre 1892 à El Ferrol del Caudillo en Galice (Nord-Ouest de l'Espagne).
- **Mort ?** Le 20 novembre 1975 à Madrid.
- **Fonction ?** Général puis chef de l'État espagnol (1er avril 1939-20 novembre 1975).
- **Apports majeurs ?**
    - La marginalisation du Front populaire et de ses alliés après la guerre civile.
    - La mise en place d'un État conservateur avec l'appui de l'Église et de l'armée.
    - La proclamation de Juan Carlos de Bourbon comme héritier.

Comptant parmi les derniers dictateurs de l'Europe occidentale, Franco marque les esprits par la durée et la violence du régime qu'il impose à l'Espagne, de la fin de la guerre civile jusqu'à sa mort survenue en 1975.

Fruit d'une Espagne meurtrie par de nombreuses luttes intestines, Franco est avant tout un militaire. À 20 ans, en quête d'aventure, il rejoint la Légion étrangère et s'engage dans la guerre opposant les armées franco-espagnoles aux tribus rifaines (1921-1926), mais c'est lors du débarquement dans la baie d'Al-Hoceima (1925) qu'il se fait remarquer.

En juillet 1936, à l'heure du coup d'État visant à renverser le Front populaire alors au pouvoir, son désintérêt apparent pour la politique lui permet de s'imposer comme un leader susceptible de coordonner l'action des insurgés contre les républicains. Grâce à son implication dans le débarquement de plus de 20 000 légionnaires de l'armée d'Afrique, qui assure aux nationalistes le contrôle de l'Ouest de l'Espagne à la fin du mois de septembre, Franco est reconnu généralissime et chef de l'État nationaliste durant la guerre civile. Tenant toutes les cartes en main, le futur Caudillo se joue habilement des rivalités entre les membres de la phalange fasciste, se pose en arbitre, les oblige à s'unir au sein d'un mouvement national par décret, puis les pousse dans une guerre qu'il présente, avec l'appui de l'Église, comme une « croisade contre les ennemis de l'Espagne ». Trois ans plus tard, il saisit l'opportunité de la victoire pour établir sa dictature.

Si, pour les autres nations, Franco incarne le régime réactionnaire qu'il a mis en place, celui-ci parvient à se maintenir au pouvoir de longues années durant. Mais, à la fin des années cinquante, l'arrivée d'une nouvelle génération d'Espagnols ignorante des horreurs de la guerre civile et aspirant au changement l'oblige à revoir les sources de légitimité de son pouvoir. Le vainqueur de 1939 se présente alors comme le grand-père d'une Espagne en route vers un « miracle économique » et désigne le prince Juan Carlos de Bourbon (né en 1938) comme successeur en vue de réintégrer son pays dans le concert européen. Commence alors une période de déclin pour Franco qui voit peu à peu le contrôle absolu qu'il exerçait s'affaiblir et la contestation monter progressivement. Lorsqu'il s'éteint en 1975, il laisse derrière lui une Espagne profondément meurtrie par plus de 35 ans de dictature dont elle ne se relèvera que péniblement.

ENFANCE ET JEUNESSE (1892-1926)

Un jeune homme destiné à l'armée

Francisco Bahamonde Franco naît le 4 novembre 1892 à El Ferrol, une ville de garnison galicienne marquée par le déclin de l'armée espagnole. Ses parents, Nicolas et Pilar, font partie de la classe moyenne d'une caste militaire. Méprisé par son père, Franco souhaite pourtant suivre ses pas en faisant carrière dans la marine. Mais le désastre subi en 1898 par la flotte espagnole face aux États-Unis entraîne la fermeture définitive de l'Académie de marine en 1907. Francisco reste alors auprès de sa mère, aimante, mais distante, et de son père, un ivrogne qui finira par les abandonner pour mener grand train à Madrid.

Après des études secondaires médiocres, le jeune homme à moins de 15 ans quand il entre à l'Académie militaire de Tolède pour intégrer l'armée de terre. Les professeurs y forment des recrues destinées à une armée routinière, comptant au bas mot 160 000 fantassins, 12 000 officiers et 213 généraux. Leurs valeurs se résument à la discipline aveugle, la fidélité au roi et à la patrie ainsi qu'au rejet des responsabilités de la crise sur le pouvoir civil. Une fois sa formation achevée, Franco est affecté dans sa ville natale en tant que sous-lieutenant, et a désormais tout le temps de méditer ces enseignements à l'ombre des casernes d'El Ferrol.

L'échappatoire marocaine

Promis à une vie terne, Franco comprend vite l'importance de saisir l'action là où elle se présente. En 1912, il revendique la seule terre d'aventure que peut encore lui offrir cette Espagne postcoloniale : le Maroc, dont les richesses supposées exercent une véritable fascination dans les rangs de l'armée ibérique. En 1904, les Espagnols ont cru s'adjuger la côte nord de l'Afrique en accord avec la France, mais, depuis qu'ils y ont débarqué en 1906, les Français ont étendu leur contrôle sur le pays, ne laissant à l'Espagne que le Rif au nord-est, et la Yebala, au nord-ouest. Depuis, la région du Rif est une zone d'affrontements permanents entre l'armée espagnole et les tribus rifaines révoltées. De 1910 à 1925, les montagnes de cette contrée sont le théâtre privilégié d'opérations menées par des officiers espagnols, qui ne trouvent de sens à leur carrière qu'en courant après les médailles ou en donnant leur vie pour la préservation d'une colonie dont l'Espagne ne peut plus espérer tirer avantage.

Le renouvellement des cadres, suite aux combats engagés entre 1909 et 1911, explique la promotion rapide de jeunes sous-officiers, et notamment celle de Franco dans le 8e régiment de l'armée d'Afrique. Quelques jours après son arrivée, le 17 février 1912, il est affecté à un poste au mont Tifasor qui domine Melilla. Il y apprend les rudiments de la guerre, et, au plus près du danger, il se sent revivre. En avril 1913, il intègre le régiment des soldats indigènes de l'armée d'Afrique, la section la plus disciplinée de l'armée espagnole. Affecté dans la périphérie de Tétouan, Franco participe à de nombreuses opérations punitives visant à soumettre Mohamed el-Raisuni (1871-1925), chef naturel de la tribu de la Yebala et prétendant au trône du Maroc.

En trois ans, son engagement lui permet d'acquérir un ascendant sur ses hommes. La bravoure dont il fait preuve lui vaut de gravir rapidement les échelons de la hiérarchie militaire. Peu à peu, des rumeurs circulent autour de ce petit homme malingre, réservé, sévère, mais juste avec ses soldats : il serait invulnérable ! En 1916, la blessure qu'il reçoit au cours de l'assaut de la forteresse d'El Biutz renforce encore son aura. Au point que le roi Alphonse XIII (1886-1941) soutient sa promotion au poste de commandant de l'armée espagnole contre l'avis du haut conseil militaire. À moins de 24 ans, Franco est déjà parvenu à réunir toutes les qualités d'un *caudillo* (« chef militaire »).

L'épisode des Asturies (1917-1920)

Ne trouvant dans le régiment des regulares (forces régulières indigènes) aucun poste vacant correspondant à son nouveau grade, Franco se voit confier le commandement d'un bataillon d'infanterie caserné à Oviedo. Il y découvre la condition des mineurs asturiens du bassin houiller.

En 1917, alors que Franco rentre au pays, l'Espagne a bien changé. Enrichie par la neutralité du pays dans le conflit mondial, une nouvelle classe d'industriels s'est imposée au détriment des ouvriers de Catalogne et des Asturies, qui peinent à nourrir leur famille. En outre, l'influence de la révolution léniniste russe enthousiasme les syndicats qui, persuadés que l'heure de la révolution prolétarienne a sonné, mettent les classes moyennes sous pression en multipliant les grèves et les attentats. Mais quels aspects de cette réalité, Franco a-t-il connus ? Quand il arrive à Oviedo pour y prendre son commandement, il découvre une capitale aristocratique aux allures provinciales. Les élites s'y divisent entre la bourgeoisie coloniale, revenue de Cuba et des Philippines, et la caste des propriétaires miniers. Dans cette société si fermée, Franco prend conscience du malaise qui règne au sein de l'armée, prise en tenailles entre la violence des syndicats anarchistes et l'impuissance de la monarchie à rétablir l'ordre. Les militaires se replient alors sur eux-mêmes au sein de juntes corporatistes censées défendre leurs privilèges contre l'ambition des vétérans du Maroc entourant le roi à Madrid. Vu ses états de service, le jeune commandant fait profil bas et soigne son image en public. Cette stratégie s'avère payante puisqu'il parvient à se faire accepter dans les cercles de la bonne société et rencontre celle qui deviendra sa femme, Carmen Polo Martinez Valdès (1900-1988), en août 1917.

Ce même été, un coup de tonnerre retentit. Rompus aux provocations, la CNT (Confédération nationale du travail), anarchiste, et l'UGT (Union générale des travailleurs), socialiste, lancent un appel à la grève massivement suivi en Catalogne et dans le bassin des Asturies. Immédiatement, le général Ricardo Burguete (1899-1933), gouverneur des Asturies, proclame l'état de guerre. Qu'à cela ne tienne, là où les socialistes catalans de l'UGT font prudemment marche arrière, les anarchistes des Asturies opposent une résistance acharnée aux colonnes du prince héritier, placées sous les ordres de Franco. Le jeune commandantin retire finalement ses troupes d'Oviedo à l'heure la plus dure de la riposte (septembre 1917), mais il revient, en vertu de la loi martiale, siéger au sein des tribunaux chargés de châtier les grévistes. Il s'acquitte de sa tâche avec froideur, instruisant les dossiers des mineurs arrêtés, mais se prononce à plusieurs reprises en faveur des familles d'ouvriers.

Impressionné par la violence des anarchistes, Franco prend conscience de la volonté des puissants à maintenir leurs ouvriers dans la pauvreté, ne leur laissant comme moyen de pression contre l'ordre établi que le recours aux grèves. Cela ne signifie pas pour autant qu'il considère l'action des syndicats comme une voie légitime. Au contraire ! Cette expérience renforce sa conviction que l'armée reste le seul rempart entre l'ordre et les actions stipendiées par des agents étrangers (les communistes) qui nuisent à l'économie nationale. Plus tard, le dictateur saura tirer les leçons des événements de 1917 en établissant, par le biais d'un syndicat unique, une forme de paternalisme d'inspiration catholique visant à faire taire les ouvriers et à éviter leur politisation.

LA GUERRE DU RIF (1920-1925)

Retour à la légion

En 1919, Franco rencontre le lieutenant-colonel José Millán-Astray (1879-1954) lors d'un stage d'entraînement à l'école de tir de

Valdemoro, près de Madrid. Ce vétéran de la guerre hispano-américaine est la personne idéale pour soutenir l'effort de guerre dans le Rif, où les légionnaires espagnols achèvent péniblement la conquête de Djebala, sécurisée en octobre. Sur ordre de Federico Berenguer (1877-1948), José Millán-Astray projette de fonder une légion étrangère inspirée du *tercios* de l'armée des Flandres du XVIᵉ siècle. Prenant exemple sur la légion algérienne française, admirée pour son attitude pendant la Grande Guerre (1914-1918), il espère que la discipline de ces soldats permettra de relancer les opérations militaires dans le Rif central. Le 28 janvier 1920, le projet est accepté par le roi, qui y voit là l'ultime recours pour mettre fin à la guerre d'Afrique sans engager les conscrits espagnols, mal préparés aux manœuvres des tribus rifaines. Reste à constituer cette unité d'élite. Or l'esprit exalté d'Astray ne laisse aucune place pour la logistique. Ayant conscience de ce défaut, il propose à Franco le commandement du premier bataillon de sa nouvelle légion, persuadé que le calme et le courage du jeune officier compléteront sa propre fougue.

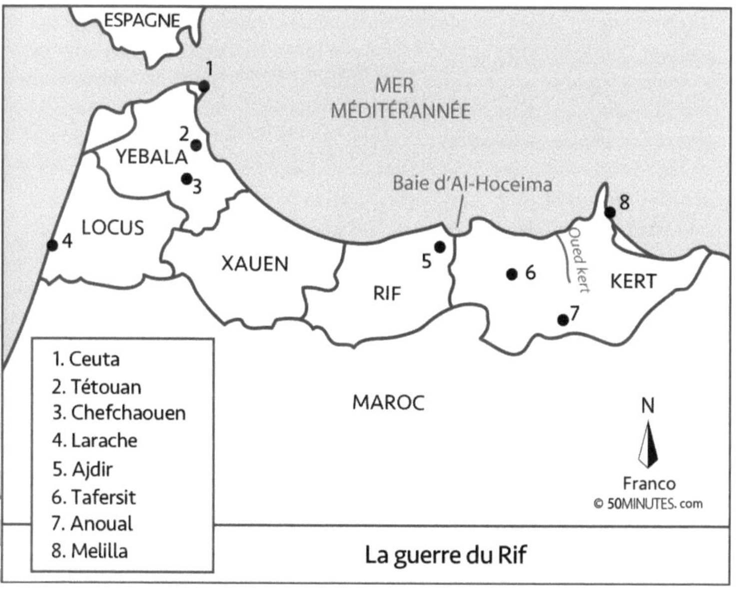

La guerre du Rif

Le 20 octobre 1920, Franco débarque à Ceuta avec 200 volontaires de toutes nationalités. Deux ans à peine après la mobilisation totale des sociétés européennes, Astray se vante de transformer quelques centaines de marginaux en légionnaires voués, corps et âme, à la cause de l'Espagne et à l'extermination de ses ennemis. Mais, sans le dévouement de Franco aux objectifs de son mentor, la légion ne serait jamais devenue ce corps d'élite si efficace dans les représailles contre les tribus rifaines. Convaincu d'avoir affaire à des marginaux physiquement inférieurs, Franco astreint ses trois compagnies à une discipline de fer en leur apprenant à ignorer la faim, la peur, la douleur et la pitié. Chef respecté, il n'hésite pas à payer de sa personne et engage ses hommes partout où il est nécessaire de tirer l'armée régulière d'une catastrophe.

DE LA RÉVOLTE D'ABDELKRIM À LA DÉBÂCLE D'ANOUAL

En 1920, la guerre du Rif arrive à un tournant. Le succès de Berenguer sur le front occidental permet de dégager Tétouan de l'emprise de Mohamed el-Raissouni (héritier du trône du Maroc, 1871-1925), de sécuriser le couloir maritime vers Ceuta et de rétablir la liaison avec Larache sur le front atlantique. Au sud, la conquête de Chefchaouen puis la soumission des tribus de la région de Melilla à l'est permettent l'instauration d'une base militaire en contact avec l'arrière-pays. Avec ces victoires, Madrid envoie un signal fort à Rabat et à Paris : le Rif espagnol est une réalité après 12 ans d'atermoiements diplomatiques.
Une région semble toutefois résister depuis 1909, le Rif central, porté par la figure de Mohamed Améziane (1859-1912), et dont l'Oued Kert et la baie d'Al Hoceima sont les verrous stratégiques. Cette situation dissuade Berenguer d'y risquer un assaut. Comme dans la région de Djebala, la stratégie de contrôle du colonisateur ibérique repose sur une collaboration fragile avec les Aït Ouriaghel, la tribu d'Abdelkrim al-Khattabi (1882-1963). En 1920, le père de celui-ci s'engage à rester neutre et à attiser les rivalités entre tribus. Mais, malgré le succès initial, les Espagnols ne parviennent pas à débarquer suffisamment d'hommes pour protéger leur allié. Le père d'Abdelkrim est empoisonné au mois d'août, et son fils se révolte contre les Espagnols. La région devient alors le foyer de velléités d'indépendance que ce dernier canalise pour que soit créé un État républicain d'obédience islamique. Entre-temps, le nouveau commandant de Melilla, Manuel Fernández Silvestre (1871-1921), parvient à porter ses troupes jusqu'à Tafersit, aux pieds des montagnes menant à la baie d'Al-Hoceima en pays temsamane et ouriaghel.

Le 1er juin 1921, les Espagnols fortifient la position de Dar Ouberrane en face du Jbel el Qama. Ils n'y détachent que 250 hommes et une demi-douzaine de canons et mitrailleuses avant de regagner la base d'Anoual. Le soir même, la milice du Jbel el Qama, en l'absence d'Abdelkrim redescendu dans son fief d'Ajdir, prend l'initiative d'une contre-attaque. Avant même le coucher du soleil, la victoire est remportée par les Rifains avec un bilan inespéré : 150 hommes et 400 armes enlevés aux Espagnols. Cet exploit unit la résistance autour des Ouriaghels, ciment de la résistance rifaine. C'en est fini du blitzkrieg de Silvestre, désormais réduit à maintenir les positions acquises et les jonctions encore existantes entre ses troupes. Le 17 juillet, l'échec d'une tentative de ravitaillement des troupes espagnoles à Igueriben confirme la débâcle, et Anoual est mis à découvert. Le 21 juillet, 5 000 combattants rifains fondent sur Anoual et massacrent le contingent espagnol. Contraint à la retraite, Fernández Silvestre se suicide, incapable d'assumer une si grave défaite. Cet événement a d'importantes conséquences de part et d'autre de la Méditerranée. Du côté des rebelles, elle conforte l'union des tribus Aït Ouriaghel, Aït Ghannou, Aït Touzine et Temsamane autour d'Abdelkrim.

Entre 1921 et 1924, Franco atteint l'apogée de sa carrière militaire dans une Espagne tendue à l'extrême. En 1922, les répercussions de la débâcle d'Anoual empoisonnent le climat politique du pays. Devant l'ampleur du désastre (on compte plus de 7 000 morts), le Gouvernement est obligé d'instituer une commission d'enquête qui remet en cause l'armée et la monarchie. Pour contrer la crise, le capitaine général de Catalogne, Primo de Rivera (1870-1930), prend le pouvoir le 12 septembre 1923 et instaure une dictature, sous prétexte de préserver l'autorité du roi. Cherchant à se dégager du piège rifain, le roi Alphonse XIII soutient le *pronunciamiento* de Primo de Rivera, qui est alors chargé d'organiser le retrait des troupes du Maroc. Face à cette politique, Franco se fait le porte-parole du parti des officiers africanistas, opposé à l'abandon d'un terrain chèrement conquis. S'en ouvrant dans la revue coloniale en avril 1924, il méprise publiquement l'inaction du ministère de la Guerre. Pour lui, seule une offensive d'envergure permettrait d'en finir avec Abdelkrim et d'établir un protectorat. Cependant, les Espagnols ne contrôlent plus que la zone de Melilla, ainsi que les villes de Ceuta, de Larache, de Tétouan et de Chefchaouen, à l'ouest, tandis qu'Abdelkrim est parvenu à étendre son autorité sur l'ensemble du Rif, s'autoproclamant émir. Dans un contexte aussi précaire, la visite d'inspection de Primo de Rivera au Maroc, entre le 11 et le 21 juillet 1924, provoque des tensions entre les légionnaires et le dictateur. En décembre, Franco est contraint de couvrir l'évacuation de la ville sainte de Chefchaouen des résidents espagnols et des Marocains ralliés à leur cause.

Le débarquement d'Al-Hoceima (8 septembre 1925)

Abdelkrim commet ici une erreur qui servira la carrière de Franco. Sûr de sa victoire, il lance plusieurs raids vers Fès, en zone française, et refuse de reconnaître l'autorité du calife Moulay Youssef (1881-1927), alors que la dynastie des Alaouites n'est pas remise en cause par le protectorat. Prenant la menace au sérieux, Paris dépêche le maréchal Pétain (1856-1951) à Tétouan afin de conclure une stratégie d'attaque avec Primo de Rivera. Franco assiste à l'entrevue qui voit la mise en place d'un débarquement dans la baie d'Al-Hoceima, projet qu'il avait auparavant défendu devant le roi.

Le rocher d'Al-Hoceima devant Ajdir.

De toutes les options, l'attaque espagnole est celle qui offre le plus de chances de réussite, car elle bénéficie du soutien combiné de la flotte et des troupes françaises pour couvrir la progression des 18 000 soldats espagnols, convoyés de Ceuta et Melilla jusqu'à une longue plage au sud du camp des rebelles. Il incombe à Franco de réussir la phase la plus délicate de l'opération : prendre pied, le premier, sur la côte et dégager le terrain afin de permettre aux armées de débarquer. Aux prises avec une mer houleuse, les embarcations s'entrechoquent, causant un début de pagaille. Tenant leur fusil au-dessus de leur tête, les légionnaires suivent leur chef et parviennent à débarquer sur la plage de la Cebadilla, le 2 septembre 1925, malgré les tirs des hommes d'Abdelkrim. Il faut cinq jours aux regulares pour élargir la tête de pont, et, le 7 septembre, la brèche est ouverte dans le bastion du Lion du Rif. Un mois plus tard, l'armée espagnole fond sur Ajdir, tandis que l'armée française réduit les dernières poches de résistance au sud de la baie d'Al-Hoceima. Cette fois, c'en est fini de la République rifaine d'Abdelkrim. Assiégé dans ses montagnes, il finit par se rendre aux Français en mai 1926, mettant fin à la guerre du Maroc.

LA NAISSANCE DU CAUDILLO (1926-1935)

Une carrière éclatante

Le succès du débarquement d'Al-Hoceima inaugure une période heureuse pour Franco. Dévoué à sa carrière de soldat, il devient à 33 ans un général estimé par l'état-major de son pays et reçoit même la Légion d'honneur en 1926. Ces quelques années passées dans les rangs, puis à la tête de la Légion étrangère, n'ont fait qu'exacerber sa confiance en une armée garante de l'ordre social. En outre, le contact avec le fanatisme d'Astray le convainc de l'efficacité d'une violence exercée sans pitié contre les ennemis de l'Espagne.

Dans une société en voie de médiatisation, il comprend le parti à tirer de la presse. Jouant sur les fantasmes de l'opinion publique en demande de succès militaires, il choisit habilement les correspondants venus l'interviewer à Melilla et leur offre l'image d'un leader valeureux à la tête de légionnaires invulnérables. Sa propagande fonctionne si bien qu'au plus fort de la crise du Maroc, en mai 1924, le correspondant du *Matin*, feuille officielle de l'ambassade française, note que « les journalistes le proclament héros trois fois par semaine ». Promu lieutenant-colonel le 29 mai 1923, colonel en février 1925, puis général de brigade à Madrid le 3 février 1926, il ne lui reste plus qu'à abandonner les premières lignes de combat pour servir la monarchie autrement.

À la tête de l'Académie militaire de Saragosse (1927-1930)

Sûr de la loyauté de Franco, Primo de Rivera le soulage de son commandement de la 1re brigade madrilène pour lui confier une nouvelle mission. Des revers subis au Maroc, le dictateur conclut que le problème provient des rivalités qu'entretiennent, au sein de l'armée, les fantassins, les artilleurs, les cavaliers et les ingénieurs militaires. Il conçoit alors le projet de créer une académie générale à Saragosse, destinée à former les aspirants officiers, et nomme Franco directeur le 4 février 1928.

Quand il arrive sur le site en 1927, l'institution n'est encore qu'un chantier. Il s'engage dès les débuts de l'entreprise, bouscule les corps de métier et parvient, par l'usure, à ouvrir son institution à l'échéance prévue. Ayant souffert de la décadence de l'armée, Franco se profile comme un directeur fidèle à sa caste, soucieux d'insuffler un nouvel esprit de corps à ses soldats et à les faire entrer dans la modernité.

En 1927, il fait la tournée des écoles de la *Reichswehr* (« force armée du Reich ») et des casernes de l'armée française dont la coordination et l'usage de nouvelles armes issues de la Première Guerre mondiale l'ont fortement impressionné lors du débarquement franco-espagnol de 1925. Il en sort un programme de cours pratique, orienté vers l'apprentissage des armements, de la cartographie et de la topographie. En outre, Franco tient à diriger l'académie selon les normes les plus modernes afin qu'elle soit un soutien efficace à la dictature de Primo de Rivera. Cependant, en s'obstinant à faire primer la discipline militaire sur les intérêts civils, celui-ci commettra des maladresses politiques qui s'avéreront fatales à la monarchie.

Les premières années de la République (1930-1933)

En 1930, le refus de Primo de Rivera de s'attaquer à la réforme agraire, sa prise de contrôle maladroite des syndicats catalans et la dépréciation de la peseta lui valent d'être abandonné par le roi, l'armée et les industriels qui l'ont porté au pouvoir. Désespéré, il tente d'en appeler à la confiance des militaires pour se faire reconduire, mais, n'obtenant aucune réponse, il présente sa démission le 28 janvier 1930, et part pour Paris.

Ne pouvant plus faire appel à la Constitution de 1874, qu'il a lui-même bafouée, Alphonse XIII est pris à son propre piège. Pendant un an, l'obstination du monarque à recourir à des généraux pour gouverner a détourné les Espagnols du trône, et d'anciens politiciens monarchistes, tels que Niceto Alcalá Zamora (1877-1949) et Miguel Maura (1887-1971), se prononcent désormais pour l'instauration d'une république en Espagne. En août 1930, ils fondent le parti radical *Alianza Republicana* dans la petite ville basque de San Sebastián, soutenus dans leur projet par le PSOE (Parti socialiste ouvrier espagnol) et des personnalités aussi inattendues que Ramón Franco (1896-1938), le frère du futur Caudillo. En décembre, l'UGT anarchiste rejoint le mouvement et appelle les ouvriers et les étudiants à se soulever en faveur de la république. Une insurrection militaire est même prévue pour le 12 décembre, mais doit être postposée de trois jours. Malheureusement, personne n'en avertit les capitaines Fermín Galán (1889-1930) et Garcia Hernandez (mort en 1930) de la garnison de Jaca. À six heures du matin, ils quittent leur caserne et se joignent à la révolte. Rapidement isolés, ils doivent se rendre, sont jugés pour mutinerie et exécutés sur ordre du général Emilio Mola (1887-1937) ; l'armée vient de fournir à la cause républicaine ses premiers martyrs. Le mouvement reprend de la vigueur grâce à l'énergie d'intellectuels, dont Ortega y Gasset (1883-1955). L'agitation est telle qu'Alphonse XIII croit trouver la parade en ordonnant la tenue d'élections municipales pour le 12 avril 1931. Mais le vote devient un plébiscite contre la monarchie et, le soir de l'élection, le verdict tombe : les socialistes et les républicains libéraux ont remporté le scrutin dans presque toutes les villes provinciales d'Espagne. Dans le centre de Madrid, des foules enthousiastes acclament déjà le gouvernement d'Alcalá Zamora, tandis qu'Alphonse XIII quitte la capitale, sans cérémonie, pour Carthagène.

La disparition de la monarchie surprend Franco à Saragosse, lui qui vient d'achever le programme de son académie. Toutefois, il ne reconnaît ni ne récuse le Gouvernement provisoire de la République. En réponse à la rumeur, relayée par le journal monarchiste *ABC*, selon laquelle la République lui aurait promis le poste de haut-commissaire aux affaires marocaines, il répond qu'« ayant obéi en toute loyauté au régime précédent, il ne désire aucune fonction qui fasse croire qu'il renonce à cette loyauté » (Suarez (Luis), « L'homme, le soldat, le politique », in *La guerre d'Espagne revisitée*, Paris, Economica, 1993). Pour corroborer ses dires, il maintient le drapeau bicolore de la monarchie sur le toit de l'académie jusqu'à ce qu'il reçoive l'ordre de le remplacer.

Pour tenter de résoudre les relations houleuses entre le nouveau régime et les officiers de garnison, Manuel Azaña (1880-1940), alors ministre de la Guerre, croit habile d'envoyer à la retraite tous les généraux qui en ont fait la demande. Convaincu d'avoir ainsi épuré l'armée, il réduit les seize capitaineries générales du pays à huit divisions militaires, ramène le service militaire à un an et procède à la fermeture de l'Académie militaire de Saragosse. Privé de son poste de directeur, Franco refuse la retraite forcée, mais s'abstient de participer au coup d'État du général Sanjurjo le 10 août 1932, qui se solde par un échec. Cette prudence finit par porter ses fruits : alors qu'il était bien décidé à mettre fin à sa carrière, Azaña finit par considérer Franco comme un élément utile, et le nomme commandant des Baléares en 1933. Si l'on ne connaît pas, à cette époque, de geste de protestation posé par Franco contre la République, il profite par contre de sa mise en réserve forcée pour adhérer à l'Entente internationale anticommuniste, qu'il connaît depuis 1929. Sous une façade d'obéissance au régime républicain, il franchit là un pas décisif dans la structuration de sa haine viscérale des agents de Moscou, ennemis irréductibles selon lui d'une Espagne fragilisée à l'intérieur comme sur la scène internationale.

Franco face à l'insurrection de 1934

Le départ d'Alphonse XIII fait exploser la cohérence du mouvement républicain, qui n'a aucune alternative politique claire à proposer aux Espagnols. Pour cacher son manque de légitimité, le Gouvernement provisoire s'organise en Assemblée constituante et cherche à conduire le pays le plus rapidement possible sur la voie de la laïcisation au mépris des valeurs d'ordre et de fidélité à l'Église, partagées sous la monarchie. Dès le mois d'avril 1931, la CNT anarchiste et le petit noyau des militants communistes cherchent à instaurer un contre-pouvoir sans compromission avec la droite républicaine, tandis que le cardinal Segura (1880-1957) appelle à voter pour les partis conservateurs, provoquant le déchaînement des foules qui assassinent les prêtres et incendient les églises. Cette violence sape le crédit de la coalition de gauche, au point qu'Alcalá Zamora doit dissoudre les Cortes (assemblée politique) le 9 octobre 1933.

Les élections législatives qui ont lieu le 19 novembre donnent la victoire à la CEDA (Confédération espagnole des droites autonomes), réunie depuis 1932 sous la direction de Gil-Robles (1898-1980). Cette alliance de petits partis d'obédience catholique s'est rapidement développée suite au rejet du programme républicain et à la fascination qu'exerce le fascisme italien sur la jeunesse espagnole. Des têtes brûlées, réunies au sein des Jeunesses d'action populaire (JAP), n'hésitent pas à exhiber leur force en défilant dans les rues. Mais ils ne sont pas pris au sérieux par les partisans du fascisme, qui adhèrent à la Junte d'offensive nationale-syndicaliste (JONS) ou à la Phalange, créée en 1930 par José Primo de Rivera (1903-1936), le fils de l'ancien dictateur. Globalement, c'est un bloc conservateur porté par la loi de la majorité parlementaire et par la volonté d'annuler les lois anticléricales qui entre aux Cortes avec 110 sièges sur 464, contre seulement huit pour l'*Acción republicana* d'Azaña. La gauche prend ce succès comme une provocation. Au cours de la campagne électorale, Azaña déclare même que « si un seul membre du parti de la CEDA rentrait au Cortes, il lâcherait ses hommes dans la rue » (SUAREZ (Luis), « L'homme, le soldat, le politique », in *La guerre d'Espagne revisitée*, Paris, Economica, 1993). Ce refus d'accepter la victoire de l'adversaire est le fil rouge qui mènera directement le pays à la guerre civile.

Si l'enjeu est d'évaluer la position de Franco face à la radicalisation de la politique espagnole, l'histoire s'écrit pour le moment sans lui. Dans le brouhaha de la gauche qui tente de faire passer ses mesures à coup de grèves, et de la droite qui crie au scandale, le Caudillo ne fait pas parler de lui. Franco est toutefois cité à témoigner lors du procès des officiers de la garnison de Jaca, brisant son silence pour dévoiler ses convictions. Pour lui, l'armée doit se placer au-dessus du jeu d'alternance des partis pour préserver l'ordre et la vie des citoyens.

Pendant deux ans, il se tient à l'écart de l'agitation et ne prend aucun engagement auprès des partis de droite. N'ayant cependant pas accepté l'ordre d'allégeance des militaires au régime exigé par Azaña le 22 avril 1931, il noue patiemment des relations avec le cercle des financiers, ennemis de la République, et notamment avec Joan March (1880-1962), dont le soutien sera décisif au moment de son adhésion au putsch de 1936. Mais, contre toute attente, la victoire de la CEDA en 1933 propulse Franco sous le feu des projecteurs. À l'occasion d'une tournée aux Baléares, le ministre de la Guerre Diego Hidalgo (1886-1961) tient en effet à rencontrer ce général dont il admire la discipline. Son retour en grâce répond au besoin du Gouvernement de disposer du soutien de l'armée pour désamorcer la crise sociale. Pour rassurer son équipe, Diego Hidalgo nomme Franco général de division, et, en parallèle, marque aux généraux Emilio Mola et José Sanjurjo une faveur appuyée. Ce n'est pas sans arrière-pensées que le ministre convie Franco aux manœuvres militaires qu'il organise à León en septembre 1934.

Le 4 octobre 1934, la baisse des salaires et la lutte du Gouvernement contre la Généralité de Catalogne (organisation politique autonome de Catalogne) donne l'occasion à l'UGT, aux communistes ainsi qu'aux régionalistes catalans et basques de lancer une grève insurrectionnelle pour renverser l'équipe d'Alejandro Lerroux (1864-1949), ministre d'État depuis fin septembre. Le glorieux mouvement, comme l'appellent ses chefs, échoue à Madrid et à Barcelone, mais prend des allures de révolution revendiquée par le parti communiste dans les Asturies. Sans l'aval du président Zamora, Diego Hidalgo demande à Franco d'organiser la répression. En qualité de conseiller militaire de Diego Hidalgo, il préconise le pilonnage d'Oviedo par terre et par mer, et suggère d'envoyer deux corps de légionnaires marocains dirigés par son compagnon d'Afrique, le colonel Juan Yagüe (1891-1952). Franco dévoile là son vrai visage, celui d'un général prêt à tout pour maintenir l'ordre. En ce moment critique de l'histoire espagnole, où l'écroulement de la légitimité des clans clérical et laïc ne semble plus trouver d'exutoire que dans la guerre civile, le Caudillo apparaît comme un leader crédible aux yeux de la droite pour porter le coup mortel à la République.

LE GÉNÉRAL FRANCO FACE À UNE RÉPUBLIQUE FRAGILE

La victoire du Front populaire (16 février 1936)

La répression des grèves de 1934 fragilise la démocratie en empêchant tout compromis entre la coalition des gauches et l'alliance formée par la CEDA de Gil-Robles. Inconscient de la fragilité de son régime, le président Zamora tente de sauver les meubles en confiant à l'ancien gouverneur de Catalogne, Manuel Portela Valladares (1868-1952), la mission de former une coalition de centre gauche. Mais les oppositions sont trop fortes. Les Cortes à peine dissoutes en vue des élections du 16 février 1936, les coalitions de gauche et de droite se lancent dans une campagne électorale canalisant les attentes de leurs sympathisants en dehors des voies parlementaires. Le socialiste Largo Caballero (1869-1946) prône l'éradication pure et simple de la classe des propriétaires, tandis que, de l'autre côté de l'échiquier politique, Gil-Robles appelle les Espagnols à le suivre pour sauver le pays de la dictature du prolétariat. Dans ce contexte, la constitution d'un Front populaire s'impose comme l'unique alternative pour sauver la légitimité de la République. Dès le 15 janvier 1936, les partis républicains et socialistes se réunissent pour rédiger un programme électoral centré sur la réforme agraire, le rétablissement du statut d'autonomie de la Catalane et l'amnistie des prisonniers incarcérés après la révolte d'octobre 1934. Ce programme coïncide avec la politique du Kominterm (Internationale communiste), incitant le Parti communiste espagnol à s'allier aux républicains non révolutionnaires pour combattre les fascistes et achever la révolution démocratique en isolant la classe moyenne des paysans et des ouvriers. Franco, lui, se moque de la forme que prendra l'État, l'essentiel résidant dans la capacité du régime à assurer la stabilité du pays. Chargé de représenter la République à l'enterrement du roi de Grande-Bretagne George V (1865-1936), il profite de l'occasion pour tester la fidélité des attachés militaires espagnols à l'étranger. Sur le ferry qui le ramène en France, il rencontre le commandant Barroso et lui laisse entendre, qu'en cas de soulèvement militaire en Espagne, il jouerait un rôle déterminant pour expliquer leur action à Paris.

Le jour des élections, les premières tendances annoncent la reconduction du CEDA et des partis modérés aux Cortes, avec une courte majorité. Mais, quelques heures plus tard, les foules se rassemblent dans les rues de Madrid autour du bureau des syndicats et des partis de gauche, les drapeaux rouges fleurissent aux fenêtres et l'*International* retentit dans les quartiers populaires. La tendance s'est inversée : c'est finalement le Front populaire qui remporte la majorité absolue, avec 150 000 voix de préférence et moins de 2 % d'écart sur les votes exprimés. Oubliant l'étroitesse de sa victoire, Azaña réinvestit les Cortes et accorde l'amnistie aux insurgés de 1934.

Effrayés de voir les foules se précipiter vers les prisons, des monarchistes rassemblés autour de Gil-Robles parlent de coup d'État. Même si, pour Franco, la situation n'est pas propice à un putsch militaire, il ne peut laisser le Front populaire prendre les rênes du pays. Au lendemain du scrutin, il se rend chez Manuel Portela Valladares et l'incite à réagir avec fermeté afin que le pays ne tombe pas aux mains des communistes. Pour faire bonne mesure, il demande aussi au général Sebastián Pozas (1876-1946), directeur de la garde civile, de respecter la voix des urnes. Mais Franco se heurte à un mur. À peine Portela Valladares consent-il à instaurer l'état d'urgence qu'il passe la main à Manuel Azaña. Quant à Sebastián Pozas, l'effervescence de la foule n'est, pour lui, qu'une manifestation de sa joie. Si Franco est choqué, il choisit pourtant de rester fidèle à la République, espérant que la situation finisse par se calmer.

Un assassinat qui met le feu aux poudres

Alors que Franco se déclare loyal envers la République, sa position à la tête de l'état-major fait de lui un danger pour le régime. Lors d'un discours qu'il prononce le 1er mai 1936, Indalecio Prieto (chef du parti socialiste, 1883-1962) met le Gouvernement en garde contre ce général susceptible de mener un coup d'État. Prenant peur, Azaña décide d'affecter Franco aux Canaries et d'envoyer les généraux Manuel Goded (1882-1936) et Emilio Mola aux Baléares et à Pampelune. Grave erreur ! En les éloignant, le Front populaire leur donne la possibilité d'organiser un complot. Quant à Franco, son affectation aux Canaries lui permet d'entrer en contact avec les légionnaires marocains afin de les mobiliser en cas de soulèvement.

Entre-temps, le président Zamora est destitué. Désertant les Cortes, des groupes civils – parmi lesquels la Phalange fasciste de José Antonio de Rivera, les requetés (les miliciens carlistes qui défendent l'ordre traditionnel) et les organisations marxistes – entrent en contact avec les militaires en vue d'obtenir leur soutien ou leur neutralité. Mais la loyauté de l'armée ne tient qu'au charisme d'une poignée de généraux ne pouvant s'entendre sur la voie à suivre. C'est dans ce contexte qu'il faut comprendre les positions de Franco jusqu'à son adhésion *in extremis* au putsch du 18 juillet 1936. Depuis le 16 février, il ne croit pas à la réussite d'un *pronunciamiento*, mais reste en contact avec les conspirateurs. Aussi, quand le 8 mars le général Mola prend la direction des opérations et réunit, à Madrid, quelques généraux pour arrêter son plan d'action, Franco y participe avant de se rendre aux Canaries. L'objectif arrêté consiste à prendre le contrôle de l'État en 15 jours. Pour y parvenir, la coopération de Franco est essentielle, mais il refuse d'y prendre part, considérant que la situation n'est pas optimale, ce qui exaspère les autres généraux qui le surnomment Miss Canaries 1936.

La situation évolue lorsque, le 13 juillet, un commando phalangiste tue à Madrid le lieutenant José del Castillo, instructeur des milices communistes, en représailles à l'assassinat d'un étudiant. Deux brigades de la sécurité républicaine se lancent alors à la recherche de Gil-Robles et de Calvo Sotelo (homme politique monarchiste espagnol, 1893-1936). Si le premier ne peut être trouvé, Sotelo est tué à son domicile et son corps est jeté dans un terrain vague. La nouvelle de l'attentat finit de convaincre les derniers indécis. Quand il l'apprend, Franco comprend qu'il ne peut attendre davantage : le putsch doit être mené le plus tôt possible.

L'HOMME DU PUTSCH (JUILLET-SEPTEMBRE 1936)

Le soulèvement des généraux (17-20 juillet 1936)

En juillet 1936, Mola confie la direction du putsch à José Sanjurjo, mais c'est sur Franco que repose la réussite de l'entreprise. Dès le 17 juillet, le général reçoit l'ordre de gagner Tétouan pour prendre la tête des 40 000 hommes de la légion et rallier la péninsule par Ceuta, puis la tête de pont de Séville, sécurisée au préalable par Queipo de Llano (1875-1951). L'objectif est de provoquer une attaque rapide afin de remplacer le Front populaire par une dictature républicaine. Mais, le 20 juillet, la mort accidentelle de Sanjurjo dans un accident d'avion déstabilise les généraux, qui se révèlent incapables de prendre le contrôle de leurs provinces en vue d'y établir un modèle institutionnel pour appuyer leurs actions. C'est alors à Franco que revient la direction des opérations.

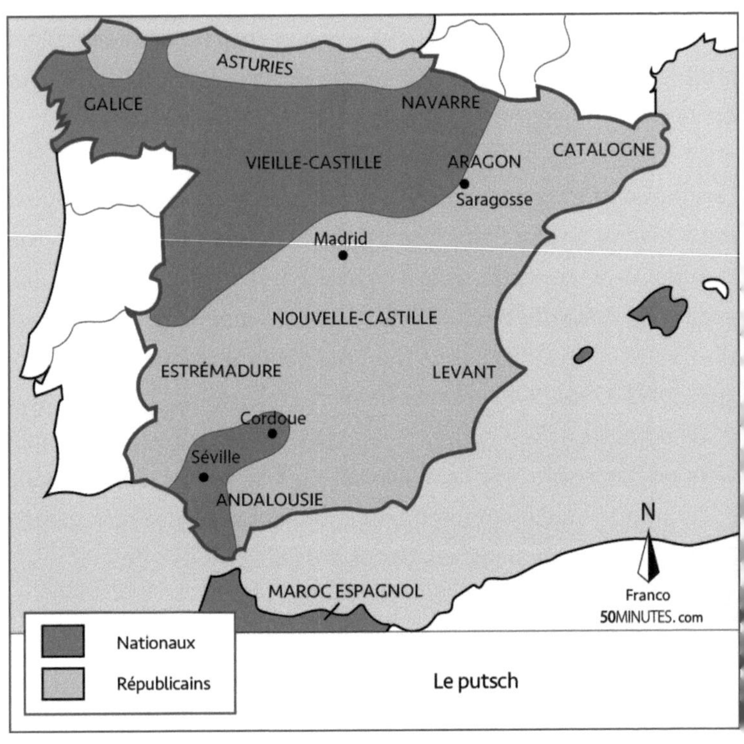

Aux premières rumeurs de soulèvement, divers syndicats, tels que le PSOE et les principales organisations du Mouvement ouvrier (CNT, UGT), ont mis en place des milices populaires et ont réclamé des armes au Gouvernement, ce que craignait Franco. Les putschistes échouent à s'imposer face à la violence syndicale dans les bassins industriels catalan et asturien, mais ils gagnent tout de même la Vieille-Castille, la Navarre, l'Andalousie au sud, et une fraction de l'Aragon avec sa capitale Saragosse. Le pouvoir républicain parvient toutefois à se maintenir à Madrid, Barcelone, Valence et dans les deux tiers des provinces espagnoles, grâce à la loyauté de la marine, de la Garde civile et d'une majorité d'officiers supérieurs. Seuls 4 des 21 généraux de division se sont ralliés aux putschistes, et, le soir du 20 juillet, la colonne du général Joaquín Fanjul (1880-1936), chargée de conquérir Madrid, est cernée dans la caserne de la Montana par les ouvriers de la CNT et de l'UGT, tandis que Dolores Ibárruri (femme politique espagnole, 1895-1989), surnommée La Pasionaria, lance sur les ondes son appel à la résistance : « No pasarán ! »

Des aides venues de l'étranger

Au Maroc, l'armée coloniale est paralysée à cause du blocus imposé par la flotte espagnole. Pour résoudre le problème, Franco joue de ses relations, et, le 22 juillet, il prend contact avec le colonel Beigbeder, un attaché allemand en Espagne, pour qu'il prie Hitler (1889-1945) de lui envoyer des appareils de transport de troupes ainsi que des équipages allemands. Grâce à ce matériel, Franco pourrait ainsi transporter ses soldats par avion de l'autre côté du détroit et briser le blocus par l'envoi d'un convoi maritime. Si Hitler perçoit tout d'abord la mise en place d'un État militaire en Espagne comme un obstacle à ses visées sur les possessions britanniques, il comprend toutefois l'avantage que pourraient tirer les nazis d'une alliance avec le futur Caudillo notamment pour établir des bases militaires en Méditerranée. C'est pourquoi, le 25 juillet, il donne l'ordre à Göring (maréchal du Reich et homme politique allemand, 1893-1946) et au général von Blomberg (1878-1946) d'envoyer 20 avions Junker 52, 6 chasseurs-bombardiers Heinkel 51 et 20 canons de DCA (Défense contre les aéronefs) à l'adresse exclusive du général Franco, contre un règlement en minerais de fer et de cuivre. Le 1er août, la première livraison d'armes arrive au Maroc espagnol, et les canaux d'approvisionnement des nationalistes sont assurés via le Portugal. De son côté, Mussolini (1883-1945) voit la guerre d'Espagne comme une opportunité d'effectuer une propagande d'ampleur internationale. Dans l'espoir d'étendre son influence en Méditerranée, le Duce emboîte le pas à son allié allemand en livrant des armes au camp nationaliste.

Premières opérations militaires (août 1936)

Le 5 août, Franco franchit le détroit de Gibraltar grâce à un pont aérien. Une fois ses troupes transportées dans le Sud de l'Espagne, il lance ses contingents africains à marche forcée en direction de Madrid. En chemin, les milices républicaines improvisées luttent tant qu'elles peuvent, mais à l'approche des Maures de Franco, elles prennent la fuite.

La terreur suscitée par la cruauté de ces hommes, joint à l'efficacité des regulares en rase campagne, explique le succès rapide de Franco à assurer la jonction de ses troupes avec l'armée du général Mola au nord.

LA RÉPRESSION AU COURS DE L'ÉTÉ 1936

L'amorce du soulèvement militaire plonge l'Espagne dans une violence qui ne s'exprime pas que sur les champs de bataille. La répression est visible tant dans le camp nationaliste que républicain, et vise à frapper des communautés déchirées par des tensions politiques, religieuses ou idéologiques. Dès les premiers jours de la rébellion, la riposte ouvrière de la banlieue de Séville qui avait pour but d'empêcher la prise de contrôle de la ville par les militaires, se solde par un bilan désastreux : ce ne sont pas moins de 9 000 morts qui sont revendiquées par le général Queipo de Llano. Ce massacre amorce la mobilisation populaire dans la zone républicaine. À partir du 13 août, des comités populaires sont instaurés afin de recenser les suspects sur base d'antécédents sociopolitiques et, le plus souvent, suite à des dénonciations.

Sous la direction du lieutenant-colonel Juan Yagüe, les colonnes maures parcourent près de 200 kilomètres en une semaine, depuis la province de Séville jusqu'à l'Estrémadure. La décision de Franco d'envoyer ses troupes vers Badajoz, à 60 kilomètres au-delà de la route de Madrid, met en évidence son obsession de nettoyer le territoire des marxistes. Le 14 août, avec son aval, les troupes maures encerclent Badajoz, puis progressent à l'intérieur des villages alentour, et exigent que les civils gardent portes et fenêtres ouvertes et affichent un drapeau blanc. Ceux qui sont trouvés les armes à la main sont tués sans sommation. Les villageois sont ensuite réunis sur la Plaza de toros et sont fusillés s'ils tentent de ralentir la progression des nationalistes. Alors que les troupes laissent derrière elles 2 000 morts, c'est à Badajoz qu'est révélée pour la première fois la cruauté de Franco. Bien que la prise de Madrid soit l'objectif suprême de la guerre, celui-ci souhaite galvaniser l'effort de l'armée et organiser des représailles appropriées aux tueries perpétrées par les anarchistes contre les militaires et les phalangistes. À l'heure où les colonnes de Yagüe et l'armée d'Emilio

Mola s'apprêtent à foncer sur la capitale, Franco donne la priorité aux règlements de compte, au risque de donner le temps aux Madrilènes d'organiser la résistance.

Ce n'est qu'avec la réussite de la jonction des deux ailes de l'armée nationaliste du sud et du nord et l'installation de l'état-major de Franco dans la ville de Cáceres, le 26 août, que tous comprennent qu'il se sont lancés dans une guerre civile et qu'il est donc nécessaire de déployer une propagande efficace afin de mobiliser l'aide internationale. Or, dans cette bataille de communication, les nationalistes partent perdants. Si ces derniers gagnent du terrain, les républicains bénéficient eux de la sympathie de l'opinion internationale. En effet, l'écho du massacre de Badajoz a glacé d'effroi les démocraties occidentales. Le Gouvernement nationaliste oppose à ces accusations le soutien militaire que lui apportent Hitler et Mussolini et, sûr d'une victoire rapide, programme la prise de Madrid pour le 12 octobre.

Parallèlement, Franco se prépare à frapper un grand coup pour conforter sa réputation d'homme providentiel auprès de la phalange et des groupes paramilitaires de l'armée nationaliste. Depuis le soulèvement du 18 juillet, Tolède est le lieu d'affrontements entre les partisans du putsch et une partie de la population restée fidèle à la République. Pour calmer la situation, le Gouvernement de Madrid y envoie des gardes d'assaut ainsi que des miliciens. Après quelques jours de combats dans les rues, les élèves officiers de l'École militaire se réfugient dans l'Alcazar avec leur famille, rejoints par le colonel José Moscardó (1878-1956) qui prend le commandement de la place. Le sort des élèves de son ancienne école, assiégée depuis près de deux mois, permet au futur Caudillo de se distinguer. Le 21 septembre, alors qu'il doit marcher sur Madrid, il détourne ses colonnes vers Tolède et vole au secours des cadets de l'Alcazar en levant le siège six jours plus tard. Si les motivations réelles du général sont très peu connues, la délivrance de Tolède devient constitutive d'un imaginaire nationaliste qui parvient à s'exporter en Europe et en Amérique latine en même temps qu'il réussit à satisfaire la ferveur antirépublicaine de l'Église espagnole et des organisations civiles soutenant la junte nationaliste.

Photo prise durant le siège d'Alcazar, 1936.

FRANCO, CHEF DE L'ÉTAT NATIONALISTE (SEPTEMBRE 1936-MARS 1937)

Généralissime et chef de l'État pour la durée de la guerre ?

Les événements n'ont pas laissé le temps aux conjurés d'élaborer une constitution. La direction du camp nationaliste est assumée, depuis le 26 juillet, par une junte de défense établie à Burgos. Mais les généraux doivent désormais répondre aux pressions de la hiérarchie ecclésiastique, de la phalange, des carlistes et d'autres formations nationales qui réclament la nomination d'un leader charismatique pour restaurer la grandeur de l'Espagne et représenter les intérêts nationalistes auprès des pays étrangers. Le 21 septembre 1936, le général Alfredo Kindelán (1879-1962) propose de nommer Franco commandant unique lors d'une réunion de la junte à Salamanque, tandis qu'à Cáceres, Yagüe et Astray exploitent le succès du siège de Tolède pour faire acclamer le futur Caudillo comme généralissime et chef de l'État de demain. Kindelán propose alors un décret prévoyant de l'investir dans ses pouvoirs pour la durée de la guerre. Mais on assiste à une nouvelle levée de boucliers au sein du directoire nationaliste. Le lendemain, le général Mola apporte son soutien à Franco, arguant qu'« il n'y a pas d'autre solution pour gagner la guerre » (BENNASSAR (Bartolomé), *Franco*, Paris, Perrin). Franco demande alors au rédacteur du décret de ne pas mentionner le caractère provisoire de ses nouvelles fonctions.

Le 1er octobre, à Burgos, il est investi de tous les pouvoirs et, pour couronner son triomphe, l'évêque de Salamanque fait du Mouvement national une croisade. Jouant de ses relations et de la presse, Franco parvient en quelques mois à se hisser au rang de Caudillo et de généralissime en accord avec l'armée, l'Église et les idéaux conservateurs de la phalange, des requetés carlistes et des principaux syndicats civils à la base du Mouvement national.

Le tournant du siège de Madrid (octobre 1936-mars 1937)

Jusqu'en septembre 1936, les initiatives de Franco et la désorganisation des républicains permettent aux nationalistes d'avoir l'avantage. Mais, en octobre, le conflit s'internationalise et, tandis que l'Allemagne hitlérienne et l'Italie fasciste appuient l'Espagne nationaliste, la plupart des démocraties européennes passent outre leur déclaration de non-intervention et encouragent l'engagement de volontaires au sein des Brigades internationales pour secourir le Gouvernement de Front populaire assiégé dans Madrid. En outre, l'URSS parvient à débarquer, à Carthagène, des chars et des armes destinés à renforcer le front madrilène. Le Caudillo doit dès lors adapter sa stratégie : la guerre de mouvement rapide, soutenue par l'armée d'Afrique, laisse place à un effort plus lent où la conquête progressive du territoire espagnol, la destruction systématique des ennemis de gauche et l'écrasement des rivaux de droite prennent le pas sur tout autre objectif.

Le 7 octobre, alors que l'armée nationaliste reprend sa marche vers la capitale, Franco s'entretient avec Mola sur la stratégie à mener. Comme Madrid est encerclée dans le secteur occidental, du nord au sud, l'idée serait de confier à l'aile principale de l'armée la réduction des défenses de la ville à l'ouest, pendant que l'armée d'Afrique, dirigée par le général José Varela (1891-1951), réaliserait un assaut frontal à travers les quartiers nord-occidentaux. Le moral des civils serait ensuite anéanti grâce à la destruction des défenses extérieures par la légion Condor (force aérienne comprenant des Allemands volontaires) et l'aviation italienne. Mais Franco ne souhaite pas mettre fin à la guerre en s'emparant de Madrid trop rapidement. Il s'absente alors du front madrilène et confie les opérations à Varela. Son idée est désormais d'augmenter ses forces en privilégiant une progression des troupes par le nord-ouest pour libérer Oviedo. Auprès de Mola, qui s'inquiète du manque d'effectifs en vue d'une attaque frontale, il se porte garant de l'expérience de Varela, qui « a toujours eu beaucoup de chance » (BEEVOR (Anthony), *La guerre d'Espagne*, Paris, Perrin, 2008). Et de la chance, il lui en faudra ! Une offensive frontale sur Madrid, par l'ouest, équivaut en effet à un suicide en raison des défenses naturelles formées par le fleuve Manzanares. De plus, ces légionnaires n'ont aucune expérience en combat de rue dans une ville où le territoire se gagne maison par maison. Alors que l'échec est prévisible, il est impossible de reculer d'autant plus que la rumeur d'une prise rapide de Madrid s'est déjà répandue dans les rangs nationalistes.

Le 22 novembre, l'offensive sur la capitale est repoussée par les habitants qui bénéficient de l'appui des premières Brigades internationales. Le lendemain, Franco quitte Salamanque pour Leganès (près de Madrid), où il ordonne à ses officiers d'abandonner l'attaque de front. Vu l'incapacité des républicains à organiser la contre-offensive, plus rien ne s'oppose aux désirs du généralissime de voir la guerre se prolonger. Pour pallier son inexpérience dans un conflit qui requiert des manœuvres complexes, Franco opte, à partir de la fin du mois de novembre 1936, pour une stratégie de siège indirect de la capitale en utilisant comme voie d'attaque la route de la Corogne au nord-est. Le 15 janvier 1937, alors que le front se stabilise, les razzias lancées sur les villages de la région pour atteindre Madrid coûtent la vie à près de 15 000 hommes de la légion. Conscient de ses limites, Franco fait reposer ses efforts sur son allié fasciste qui en profite pour imposer l'indépendance des corps volontaires italiens placés sous le commandement de Mario Roatta (1887-1968), chargé d'espionner Franco pour le compte des services secrets fascistes. Ceci revient à accorder le monopole de la victoire à Mussolini, mais le Caudillo accepte et s'engage auprès du Duce dans une attaque contre Malaga en attendant de poursuivre l'offensive vers le sud-est pour conquérir Valence, où la coalition gouvernementale républicaine s'est réfugiée depuis le 7 novembre 1936. Profitant de l'attaque des Italiens au sud et encouragé par la disponibilité de la légion Condor, Franco lance le 6 février 1937 une importante offensive à travers la vallée de Jarama, au sud de Madrid, afin de couper la route qui la relie à Valence.

Persuadé de sa victoire, il jette sa force dans la bataille, mais, quand l'occasion se présente d'utiliser l'armée italienne pour assiéger Madrid, il refuse. Franco préfère en effet engager les forces fascistes dans une bataille de diversion vers Guadalajara afin de soulager ses troupes de la pression républicaine. Mais Roatta refuse de déplacer ses hommes vers un front secondaire au risque d'être écarté de l'offensive principale.

Le 1ᵉʳ mars 1937, le Caudillo accepte le plan de campagne de Faldella (1897-1975) qui consiste à compléter le siège de Madrid avec une manœuvre italienne par le nord-est depuis Siguënza jusqu'à Guadalajara, elle-même combinée à une attaque nationaliste venant du sud depuis Jarama jusqu'à Alcalá de Henares. Une semaine plus tard, le piège se referme sur les troupes italiennes. Alors que les hommes du général Amerigo Coppi engagent la manœuvre en cassant les défenses républicaines, les troupes franquistes, elles, restent à Jarama, ce qui permet aux républicains de déployer des renforts au nord de Guadalajara, tandis que les Italiens peinent à résister au froid de l'hiver. Quand, le 18 mars, Roatta supplie Franco d'envoyer des renforts, le Caudillo jubile : il aurait dû l'écouter et disséminer patiemment les forces sur plusieurs fronts pour épuiser l'adversaire et pour se mettre ainsi en position de conquérir le territoire républicain. Maintenant que les alliés fascistes sont remis à leur place, et que la République s'enlise dans une guerre d'usure, Franco peut consolider son pouvoir.

L'unification du Mouvement national (mars-avril 1937)

Non content d'éliminer ses opposants de gauche, Franco désire également unifier les différentes composantes du Mouvement national au sein d'une coalition réactionnaire et s'en servir pour substituer son autorité à celle de la République. Mais le temps et l'expérience lui manquent pour mettre au pas des groupes aussi incontrôlables que la Phalange. Déjà entouré d'un état-major efficace, Franco bénéficie, à partir de février 1937, du soutien de son beau-frère, Ramon Serrano

Suñer (1901-2003), en qui Franco a entièrement confiance. C'est pourquoi il le place au premier plan pour décider de l'orientation politique
du régime. Proche de José Antonio Rivera, Suñer a des sympathies pour
la Phalange et propose à son beau-frère d'en faire l'axe du Mouvement.
Certes, l'aspiration des phalangistes à se sacrifier pour l'idée que Franco
se fait de l'Espagne fait d'eux un soutien possible pour la dictature,
mais l'appui populaire dont ils bénéficient depuis l'instauration du Front
populaire en 1936 et leur participation aux combats de rue les rend
imprévisibles. Et pour Franco, il est impossible d'accepter la dissidence
de groupes particuliers dans ses rangs. Il charge alors Suñer d'élaborer un
décret d'unification (19 avril 1937), qui prévoit de fondre la Phalange dans
une junte d'offensive aux côtés des syndicats corporatistes de la JONS
ou des monarchistes alphonsins (partisans d'Alphonse XIII). Révolté à
l'idée de se soumettre à la loi de Franco, Manuel Hedilla (1902-1970),
tout juste élu chef national du parti fascisant, refuse d'abandonner
son mandat comme le lui impose le décret ; il est donc mis aux arrêts.
Cet épisode met fin aux velléités d'indépendance des phalangistes. Grâce
au savoir-faire de ses proches collaborateurs, Franco parvient à doter
son camp d'un exécutif, appelé FET (*Falange Española Tradicionalistas*),
au sein duquel la Phalange joue le rôle de parti de masse, et fournit au
régime franquiste une rhétorique conservatrice à l'extrême, cautionné
par l'armée et par l'Église. Avec la disparition de Mola en mai 1937,
le hasard de l'histoire conforte Franco dans sa position de leader.

FRANCO, CHEF DE GUERRE (AVRIL 1937-FÉVRIER 1938)

Les offensives au nord (avril-octobre 1937)

Les dissidences contrées, Franco peut désormais se concentrer
sur les manœuvres militaires. Or, à partir d'avril 1937, l'échec
des offensives devant Madrid fragilise son alliance avec Hitler,
qui exerce des pressions sur son allié espagnol afin que celui-ci

concentre ses efforts sur la côte Cantabrique. Pour Hitler, isoler la côte nord de l'Espagne revient à s'assurer le contrôle des rendements miniers de la région tout en détournant l'opinion internationale de ses visées de guerre en Europe centrale. Quant à Franco, la liquidation rapide d'un front secondaire lui permettrait de dégager des troupes en vue de l'offensive finale. La rapidité avec laquelle il obéit au général Hugo Sperrle (commandant de la légion Condor, 1885-1953) tient au fait qu'une attaque aérienne, conduite par les Allemands, suscitera la terreur qu'il cherche lui-même à instaurer. Ainsi, le bombardement du petit village de Guernica par la légion nazie au matin du 26 avril choque l'opinion internationale qui assimile la stratégie militaire du Caudillo aux idéologies totalitaires de ses alliés fascistes. Sur le terrain, la mauvaise communication entre les Allemands et l'état-major de Franco permet à ce dernier de conserver son indépendance dans ses objectifs de campagne. C'est ainsi qu'il profite de l'attaque allemande sur Guernica pour affaiblir l'offensive au Pays basque et retient ses hommes sur le front de Madrid. Cette tactique lui fournit les renforts nécessaires pour faire pression sur la zone centrale, tout en anéantissant les contre-attaques lancées par les républicains à Brunete, le 6 juillet, puis à Belchite, le mois suivant. Ces attaques ne retardent que de peu la conquête du nord par les franquistes : Santoña et Santander tombent le 24 août ; Gijón et Avilés, le 21 octobre.

Ruines de Guernica, 1937.

Humiliation à Teruel (15 décembre 1937-8 janvier 1938)

Maître des richesses industrielles du nord, Franco peut accroître ses moyens d'action et tenter de rompre les communications entre Madrid et Valence d'une part, et entre la capitale et la Catalogne d'autre part. Mais les républicains comptent bien reprendre l'initia-tive, et Indalecio Prieto (1883-1962), ministre de la Guerre de Juan Negrín (1892-1956), plaide pour une victoire spectaculaire afin de prouver aux franquistes l'efficacité de l'armée gouvernementale. Pour ce faire, il lance l'assaut sur la ville de Teruel. Sous contrôle rebelle depuis 1936, elle forme une enclave gênant les communi-cations entre la Catalogne et le reste de la zone gouvernementale au sud-est. Il convient donc de rétablir la voie directe entre les deux centres de résistance et d'infliger une défaite à Franco en s'emparant de la place qui garantit sa supériorité militaire sur le front aragonais.

Début décembre 1937, l'armée républicaine déploie ses hommes au sud de la ville et le long de l'Alfambra. Le 13, l'état-major républicain s'apprête à lancer 100 000 hommes dans la bataille. Le plan consiste à encercler la ville au moyen de six divisions, soutenues par deux autres placées à l'arrière afin de parer une contre-attaque nationaliste. Mais l'opération doit être reportée à cause des mauvaises conditions météorologiques, et ce n'est que deux jours plus tard, par un froid intense, que 40 000 hommes commencent leur progression pour encercler Teruel par l'ouest et la couper des renforts. Le 18, les républicains prennent position sur la crête de La Muela à l'ouest. Deux jours plus tard, les 35 divisions de miliciens font leur jonction avec le 18e corps d'armée du général Enrique Heredia. Pendant ce temps, dans la ville, le chef de garnison, Domingo Rey d'Harcourt (1883-1939), concentre ses forces pour défendre les quartiers sud.

Entrée des troupes républicaines à Teruel, 1937-1938.

Si Franco suit les dépêches l'informant de la progression des républicains, à aucun moment il n'accepte de dégarnir les troupes massées dans la vallée de Jalon en vue d'une nouvelle offensive dans le secteur de Guadalajara. Ce sursaut d'orgueil scelle – temporairement du moins – le sort des troupes nationalistes assiégées à Teruel. Clouée au sol par le froid dans les aérodromes castillans, l'aviation nationaliste ne peut fournir d'appui face à l'avancée républicaine. Le général nationaliste Antonio Aranda Mata (1888-1979), arrivé le 19 décembre par Guadalajara, ne peut rompre l'encerclement de la ville. Commence alors, dans Teruel, une lutte violente, notamment dans la zone sud, où les nationalistes se sont retranchés dans la Banque d'Espagne, le couvent de Santa Clara ou encore dans le siège militaire installé à l'hôtel d'Aragon. Le 22 décembre, les chars de l'armée républicaine occupent la place du Torico, où se trouvent également les reporters du *New York Times* Robert Capa (1913-1954) et Ernest Hemingway (1899-1961). Ce n'est qu'en apprenant leur présence que Franco s'inquiète des conséquences qu'une défaite impliquerait sur la scène internationale. C'est pourquoi, le lendemain, il renonce à son offensive sur Madrid et concentre ses efforts sur Teruel. Toutefois les caprices de la météo l'empêchent d'acheminer les renforts avant la fin du mois.

Au Nouvel An 1938, le rapport de force s'équilibre. Les pertes de l'armée républicaine sont élevées et le froid entame la résistance des assiégeants tandis que, dans le ciel, la présence des chasseurs nationalistes se fait de plus en plus importante. Mais les chars républicains occupent toujours la ville, et Dominique Ray d'Harcourt comprend qu'il ne parviendra pas à briser le siège. Le 1er janvier, les hommes défendant le couvent de Santa Clara meurent. Deux jours plus tard, c'est le siège militaire qui tombe. Le 8 janvier, le colonel et l'évêque de Teruel rendent les clés de la ville aux républicains. La colère de Franco est à la mesure de l'humiliation subie. Il perçoit la reddition de Teruel comme une trahison de la part de Ray d'Harcourt. Cela donne toutefois l'occasion au général de l'état-major républicain de gagner Madrid pour tenter de couper la zone nationaliste en deux à la faveur d'une offensive sur l'Estrémadure.

Une mise au pas s'impose

La perte de Teruel prouve à Franco que les républicains peuvent résister. Le risque de voir les milices populaires se muer en une armée communiste n'a jamais été aussi précis qu'en ce début 1938. Une réorganisation des cadres de l'État et de l'armée s'impose donc. Or, le décret d'unification est vague sur la structure du Mouvement et le rôle de la Phalange en tant que principal parti nationaliste. Si les phalangistes ont vu leur nombre d'adhérents augmenter de façon importante depuis le mois d'avril 1937, la plupart ne s'inscrivent que pour la forme, conservant leur indépendance en s'associant à des courants d'opinion libre. Or, pour Franco, ceux-ci menacent la cohésion de l'État. Il convient donc de les rallier de gré ou de force à la FET. Pour ce faire, l'état-major nationaliste se sert du cinéma et de la radio pour assurer la couverture médiatique de leur chef. Des portraits du Caudillo sont ainsi projetés sur les écrans, tandis que, dans la rue, les gens marquent leur fidélité par le salut fasciste. Ceux qui ne veulent pas être considérés comme neutres s'enrôlent en masse. Cependant, la Phalange refuse d'être absorbée dans le Mouvement national. Alors, avec prudence, Suñer entreprend de noyauter les vétérans du parti de José de Rivera. Mais, faute d'un programme idéologique clair, ses premiers ordres visent à confier à la Phalange l'encadrement du service social et de l'aide aux blessés. Il entre ensuite en contact avec Dionisio Ridruejo (1912-1975), un jeune chef provincial de la Phalange à Valladolid, qui se porte garant du respect de son parti vis-à-vis de la nouvelle hiérarchie. Le 4 août 1937, les nouveaux statuts du parti unique sont publiés.

Respectant la structure traditionnelle de la Phalange, ils diluent pourtant son influence politique au sein d'un État organisé comme syndicat unique. Disséminés parmi 12 secteurs-clés de l'activité gouvernementale, les fascistes peuvent ainsi veiller au contrôle des cadres politiques sans prendre trop d'initiatives. En attendant la transformation de l'Espagne en un État totalitaire, Franco peut déjà compter sur une structure souple et sur la rhétorique agressive de la Phalange pour intimider quiconque s'aventurerait à promouvoir le marxisme et le capitalisme au détriment de l'unité du pays.

Il reste maintenant à regarnir les effectifs de l'armée qui ont été éprouvés par des batailles comme celles de Madrid et de Teruel. Des campagnes de recrutement obligatoire sont alors organisées dans les régions nationalistes. À l'heure où le parti communiste constitue des unités militaires au service de la République, des Espagnols, mais aussi des étrangers s'enthousiasment à l'idée de s'engager pour les franquistes. Dans une Europe en pleine effervescence, Franco peut notamment compter sur quelques milliers de volontaires portugais ou français, tous issus de la droite, pour qui se battre contre le communisme fait sens au moment où les valeurs catholiques et royalistes sont remisent en question. Cet afflux permet à Franco de pallier le manque de cadres supérieurs, restés fidèles aux gouvernementaux. Suivant les conseils prodigués par Mola en août 1936, il institue des formations dans des académies temporaires ainsi qu'un système de promotion rapide des volontaires au rang de sous-lieutenants (*alféreces*) au sein des corps d'artillerie et d'infanterie. Ce renouvellement permet de lancer la contre-offensive qui aboutit à la percée des lignes républicaines sur l'Alfambra et à la reprise de Teruel, le 22 février 1938.

VERS LA VICTOIRE FINALE
(FÉVRIER 1938-AVRIL 1939)

Un premier gouvernement de plein droit
(1er février-juillet 1938)

Au printemps 1938, la percée nationaliste entre Barcelone et Valence confirme la capacité de Franco à tirer parti de l'aide militaire des fascistes. Cette prise davantage sur les républicains entraîne des suites inattendues. Alors que les deux camps s'affrontent, la relative normalité de la vie des habitants en zone nationale surprend. En dehors du Pays basque, traité en ennemi, les gens vivent dans l'euphorie des défilés militaires, et l'aide alimentaire abonde grâce aux provisions transitant par le Portugal. Pour Ramon Suñer, les conditions sont réunies pour organiser la transition vers un État de droit. Dès le 31 janvier 1938, la junte militaire fait place à un Gouvernement dont les onze ministères sont partagés entre quatre militaires, trois phalangistes, deux monarchistes, un traditionaliste et un technicien.

L'impact des représailles républicaines exercées à l'encontre du clergé depuis 1931 implique que l'État nationaliste se porte garant d'une politique cléricale. Dès le premier jour, des mesures sont prises afin de confirmer l'influence de l'Église catholique, telles que notamment l'instauration d'une éducation religieuse obligatoire, ainsi que la suppression du mariage civil et du divorce. De plus, à partir de 1937, la répression s'institutionnalise par la mise en place de tribunaux militaires, chapeautés par le quartier général du Caudillo, qui n'hésite pas à préconiser les formes les plus brutales d'exécution. Si Suñer tente de raisonner son beau-frère afin que celui-ci respecte la procédure, Franco ne change pas d'avis et entend conserver entre ses mains le monopole de la justice.

Dernière offensive sur l'Èbre (25 juillet-16 novembre 1938)

Les républicains sortent affaiblis des épreuves subies en 1937. Depuis la perte de Teruel, la pression nationaliste exercée sur Valence et le Levant méditerranéen les oblige à se replier derrière l'Èbre. Ce n'est désormais qu'une question de temps avant que les nationalistes ne l'emportent. Le général Vincente Rojo (1894-1966) décide alors de jouer son va-tout en organisant une offensive sur les troupes franquistes qui stationnent sur la rive droite du fleuve. Le but est d'obliger Franco à relâcher son étreinte sur Valence et de démontrer aux gouvernements démocratiques que l'issue de la guerre civile peut tourner en faveur de la République.

L'offensive commence le 25 juillet 1938 quand le colonel Juan Modesto (1906-1969) fait passer l'Èbre à ses troupes. En quelques jours, il se rend maître de la Sierra de la Fatarella. Mais la réticence des démocraties occidentales à soutenir les républicains précipite la fin de la guerre civile. Dans l'espoir d'obtenir un changement de position de la part des puissances étrangères quant à leur non-intervention, Negrín décide de retirer les Brigades internationales des combats. De son côté, Franco renvoie les soldats italiens et allemands qui ont combattu à ses côtés. Il ne reste que, comme à son habitude, Franco pose un geste de pure forme, car sur le terrain, le Duce et le Führer continuent de lui fournir un matériel essentiel à la prise de contrôle de la Catalogne.

À partir de l'automne 1938, les événements tournent en faveur des franquistes. Le 2 octobre, les divisions de Navarre occupent les hauteurs de la Sierra de Laval. Et, à la fin du mois, Franco s'assure le contrôle de la plaine de la Fatarella. La déroute des républicains est consommée. Il ne reste plus d'autre choix aux gouvernementaux que de retirer leurs troupes derrière l'Èbre (16 novembre 1938).

Une paix soumise aux conditions de Franco (février-avril 1939)

En février 1939, la déferlante nationaliste sur la Catalogne exclut désormais toute victoire républicaine. Sur la scène internationale, la France et la Grande-Bretagne reconnaissent officiellement le Gouvernement de Franco. Désavoués, le président Azaña et son chef de gouvernement Negrín sont forcés de démissionner.

Malgré une résistance de la dernière heure opposée par les communistes, le général Segismundo Casado (1893-1968), alors chef de l'armée républicaine du Centre, prend sur lui d'organiser un putsch et entreprend, dès le mois de mars 1939, les négociations de reddition de la capitale avec le Caudillo, dans l'espoir que celui-ci se montre clément avec les vaincus. Alors que des milliers de républicains prennent le chemin de l'exode, Franco refuse de négocier. En outre, il durcit la répression à l'égard des marxistes, des insurgés de 1934 ainsi que des opposants au glorieux mouvement de 1936.

En ce 1er avril 1939, alors que Franco parade dans Madrid, aux côtés de ses alliés fascistes, et annonce aux foules la réussite de tous les objectifs de guerre des nationalistes, une longue période de pénitence commence pour l'autre Espagne, celle qui a été vaincue.

LES TEMPS FORTS
D'UNE DICTATURE (1939-1975)

FRANCO, LE GRAND INQUISITEUR (1939-1943)

Malheur aux vaincus

Pour les Espagnols, la guerre civile ne se termine pas le 1er avril 1939. Franco poursuit en effet les vaincus d'une vindicte impitoyable. En vertu du décret sur la responsabilité politique (9 février 1939), le simple fait d'avoir soutenu la République est passible de la peine de mort. Dès le mois de mai, des tribunaux militaires sont créés dans les grandes villes afin d'entamer les poursuites contre ceux que Franco nomme les adversaires marxistes.

Le procès intenté à Julián Besteiro (1870-1940), en mars 1939, donne le ton. Âgé de 68 ans, ce militant socialiste est le principal artisan de la reddition pacifiste de Madrid. Il est arrêté le 29 mars et traduit devant une juridiction militaire sous prétexte d'avoir servi la franc-maçonnerie. Bien que convaincu de l'intégrité de Besteiro, le procureur Felipe Acedo Colunga (1896-1965) n'hésite pas à requérir la peine de mort contre celui-ci. S'il est finalement condamné à 30 ans de réclusion, ce verdict équivaut à la perpétuité vu son âge avancé. Le 27 septembre 1940, il décède dans la prison andalouse de Carmona, victime de sa détention.

L'emprisonnement, c'est ce qui attend plusieurs milliers d'hommes et de femmes coupables, aux yeux de Franco, de s'être rebellés contre l'armée lors du putsch du 18 juillet. D'après Eduardo Aunós (ministre de la Justice entre 1943 et 1945, 1894-1967), près de 400 000 personnes sont passées dans les geôles franquistes à compter de 1936.

Trois ans plus tard, la population carcérale explose, au point de passer de 90 413 à 271 000 détenus entre 1939 et 1940. Chaque année, se sont en moyenne 10 000 personnes qui sont emprisonnées, et ce jusqu'en 1944.

Entre 1942 et 1945, les choses semblent toutefois évoluer : on passe de 112 735 détenus à 39 527. Alors que l'on pourrait croire que Franco a accordé l'amnistie aux combattants de la République, il n'en est rien. S'il est vrai qu'il libère quelques milliers d'hommes suite aux décrets de juin 1940 et du 30 mars 1943, il s'agit toujours de remises partielles de peines accordées à des catégories limitées de condamnés. Mais, à aucun moment, le Caudillo n'envisage une véritable réconciliation. Une cause plausible de la baisse du nombre de prisonniers tient à la cadence des exécutions durant les cinq premières années de la dictature. Celles-ci sont tellement courantes que le comte Ciano (homme politique italien et gendre de Mussolini, 1903-1944) s'émeut auprès de Mussolini du sort des 90 000 prisonniers incarcérés dans les prisons nationalistes en 1939. Il y aurait 250 exécutions chaque jour rien qu'à Madrid, et 150 autres à Barcelone. Selon l'économiste et homme politique espagnol Ramon Tamames, 32 304 personnes auraient été exécutées rien qu'en 1939 ! En tout, ce ne sont donc pas moins de 105 000 fusillés qui viennent alourdir le bilan de la répression.

Si les exécutions sommaires perpétrées durant la guerre civile s'expliquent par l'escalade des affrontements entre les deux camps, les arrestations et les exécutions des années 1939-1943 définissent les contours d'un régime où la violence est érigée comme une arme légale entre les mains d'un Franco tout-puissant. Maintenant à vif les rancœurs de la guerre civile, il est incapable de pardonner. Et pour preuve, quelques jours avant sa mort en 1975, il signe encore les arrêts de mort de deux anarchistes, malgré l'extinction des responsabilités politiques en 1966.

Avec 290 000 victimes en 36 ans, le régime franquiste compte parmi les plus sanglants de l'histoire contemporaine, derrière le nazisme.

Une Espagne en autarcie

En outre, Franco adopte l'autarcie comme système de développement, oubliant que l'Espagne n'a pas les assises technologiques et industrielles qui ont permis au IIIe Reich de mener sa politique d'expansion en tirant profit des populations soumises.

En Espagne, cette voie entraîne la mise en place d'une politique visant l'exploitation économique des Espagnols. La pénurie causée par l'isolement du pays provoque l'apparition d'un marché noir qui exacerbe les différences entre riches et pauvres. L'État semble corrompu à tous les niveaux, et ce même dans le secteur de la redistribution du blé où les fonctionnaires s'enrichissent en augmentant artificiellement son prix. Tout est sous contrôle étatique. Ainsi, pour accéder aux vivres, les Espagnols doivent obtenir une carte d'identité et des sauf-conduits dûment estampillés de « bonne conduite », ce qui est laissé à l'appréciation des membres de la Phalange et du clergé paroissial. Ce contrôle draconien du ravitaillement cadre parfaitement avec la discours de Franco, selon lequel les vaincus doivent racheter leurs fautes par leur sacrifice. Tandis que certaines catégories de la population souffrent matériellement et sont rejetées, les banques, les fonctionnaires et les propriétaires terriens accroissent leurs gains de façon spectaculaire avec l'approbation de Franco.

LE MAUSOLÉE DE VALLE DE LOS CAÍDOS, UN SYMBOLE DU RÉGIME FRANQUISTE

Le symbole le plus célèbre de l'exploitation des prisonniers républicains sous le franquisme est un caprice personnel du Caudillo, à savoir l'érection de la basilique et de la croix colossale du Valle de los Caídos. Entre 1940 et 1958, pas moins de

20 000 prisonniers ont travaillé, parfois jusqu'à la mort, sur le chantier de ce mausolée honorant la mémoire des morts sacrifiés pour la seule cause du dictateur. Bien que la situation en Espagne ait suffisamment évolué pour ouvrir ce lieu à l'inhumation des victimes républicaines (à partir de 1958) puis, plus récemment, pour réclamer la désacralisation, il n'en demeure pas moins un lieu de mémoire attaché à l'essence d'un régime qui a ouvertement méprisé la vie humaine pour restaurer les privilèges des grands d'Espagne.

Valle de los Caïdos.

Une résistance moribonde

Après trois ans de résistance, peu de voix trouvent la force de s'élever pour demander l'amnistie. Dans le camp des vainqueurs, quelques ecclésiastiques, tels que le cardinal et prélat Goma, souhaitent une conciliation, et vont même jusqu'à suggérer à Franco la possibilité d'un pardon évangélique. Le pape Pie XII (1939-1958) tente lui aussi d'amener Franco à plus de clémence à l'occasion de son message radiophonique lors de la victoire de Franco. En vain.

La résistance est presque anéantie. Du côté des républicains, la plupart des cadres susceptibles d'organiser le mouvement sont soit morts, soit en prison ou en exil. Toutefois, le Front populaire tente tout de même de se réorganiser depuis la France et les geôles du dictateur. Les socialistes et les anarchistes éprouvent, quant à eux, des difficultés à organiser des réseaux clandestins en Espagne en raison notamment de leurs divisions internes, mais aussi du lourd tribut qu'ils ont dû payer lors de la répression. Les seuls qui parviennent à tirer leur épingle du jeu sont les communistes. Malgré la fuite de la plupart des cadres du PCE, des militants parviennent à ressusciter des réseaux de solidarité élémentaire à l'intérieure des prisons, et entament des actions de résistance.

Quelques mois après la reddition de Madrid, le réseau des Jeunesses socialistes unifiées, branche principale du PCE, se réorganise clandestinement dans la capitale, commence à distribuer des tracts et multiplie peu à peu les coups de force contre les fonctionnaires de la justice franquiste.

C'est dans ce contexte que s'inscrit l'un des drames les plus marquants de la répression, le martyr des treize roses. Le 27 juillet 1939, une tentative d'attentat est perpétrée contre le commandant Isaac Gabaldón (mort en 1939), chargé par Franco d'administrer les preuves contre les communistes et les francs-maçons. En réaction, le régime se retourne contre 67 partisans de l'attentat et les traduit en jugement pour haute trahison. Parmi les accusés se trouvent 13 jeunes femmes dont la fin défraiera la chronique. Accusées d'avoir indirectement soutenu l'attentat en distribuant des tracts, elles sont traduites en cour martiale, alors que neuf d'entre elles n'ont pas atteint leur majorité, fixée à 23 ans. En application de la loi de février 1939 – qui abaisse la responsabilité pénale à 14 ans –, elles sont condamnées à mort le 4 août et fusillées contre le mur du cimetière de l'Almudena en même temps que 50 de leurs collègues masculins. Leur exécution fait naître un mouvement de solidarité initiée notamment par la Française Ève Curie (1904-2007) qui mène campagne à Paris au nom du martyr des treize roses rouges du franquisme. Si cet épisode met en lumière l'implacable réaction de l'armée, il oblige aussi Franco à ralentir le rythme de la répression et à soigner son image sur la scène européenne.

FRANCO DANS LA SECONDE GUERRE MONDIALE (1939-1944)

Une entrée en guerre à reculons

Après trois ans de guerre civile, Franco prend les commandes d'un pays ruiné. Craignant la vengeance du Caudillo, plus d'un demi-million d'Espagnols fuient dans l'attente de jours meilleurs. Sur la scène intérieure, le généralissime maintient l'unité de la coalition nationaliste, mais l'effondrement économique du pays compromet ses ambitions de le rétablir au rang de grande puissance européenne.

Vu la situation dans laquelle se trouve l'Espagne, Franco appréhende l'éclatement d'une Seconde Guerre mondiale. La signature du pacte de non-agression germano-soviétique (23 août 1939), suivi de l'invasion de la Pologne, lui fait prendre conscience du risque qu'il court à s'allier trop étroitement à Hitler face à Staline (homme d'État soviétique, 1878/1879-1953). C'est pourquoi il souhaite maintenir la neutralité de l'Espagne. Mais, la défaite française en mai 1940 vient changer la situation. Alors qu'une victoire de l'Allemagne sur la Grande-Bretagne devient probable, le Führer sollicite Franco afin qu'il barre l'accès à la Méditerranée aux Britanniques.

Mais le Caudillo ne sait comment réagir : s'il pressent qu'en trahissant son ancien allié, l'Allemagne n'hésitera pas à envahir son pays, Washington et Londres font pression sur les milieux d'affaires madrilènes pour préserver leurs positions dans le détroit de Gibraltar. C'est aux prises avec cet équilibre périlleux que Franco s'apprête à rencontrer Hitler. Le 23 octobre 1940, son train personnel arrive en gare d'Hendaye (France) avec une heure de retard sur celui du dictateur allemand. À ce moment, sa stratégie est arrêtée. Il réaffirme l'amitié de l'Espagne pour les nazis, et laisse Hitler arrêter l'attaque de Gibraltar le 10 janvier 1941. Puis, d'un ton très calme, il revendique le droit pour l'Espagne de reconquérir Gibraltar et le Maroc français. Mais cela ne plaît guère au Führer qui considère les requêtes de Franco sur l'Afrique du Nord inadmissibles, car y accéder risquerait de faire basculer le Maghreb (et tout particulièrement l'Algérie) dans le camp gaulliste. Après plusieurs heures de discussion, Hitler obtient l'adhésion de principe du Caudillo au pacte de l'Axe (Allemagne, Italie et Japon) contre l'Angleterre, subordonnée à une aide matérielle conséquente en faveur de l'Espagne.

Une complicité prudente avec Hitler

Franco opte pour une aide discrète aux nazis. Fin 1940, il refuse de les laisser traverser l'Espagne pour débarquer au Maroc, mais autorise la marine allemande à se ravitailler dans les ports espagnols. Fidèle à lui-même, il préfère attendre au lieu de s'engager auprès d'une Allemagne à la victoire mal assurée. Mais face à l'habileté d'Hitler à récupérer les défaites italiennes dans les Balkans (28 octobre 1940) et en Égypte (janvier 1941), tout en forçant les Britanniques à évacuer la Grèce, puis en occupant la Cyrénaïque, Franco regrette sa prudence.

Alors, quand l'Allemagne envahit l'URSS le 22 juin 1941, au mépris du pacte de non-agression, le dictateur espagnol se hâte, en guise de remerciement au Führer, d'envoyer une escadrille et une division Azul (division bleue) sur le front de l'est pour soutenir la légion Condor. Recrutées par filière privée en dehors de l'engagement du Gouvernement espagnol, ces quelques 20 000 recrues volontaires, envoyées combattre dans les rangs de la *Wehrmacht*, seront la meilleure pièce sur l'échiquier du Caudillo pour préserver la non-belligérance de l'Espagne dans le conflit, tout en poursuivant sa lutte contre le communisme. En décembre 1941, l'entrée en guerre des États-Unis ne fait que renforcer ce double jeu.

L'épreuve du feu pour les franquistes (1942-1944)

Franco tient à ce que son pouvoir personnel survive à cette épreuve. Or, avec la mondialisation de la guerre, le dictateur éprouve de plus en plus de difficultés à maintenir l'équilibre entre les phalangistes, germanophiles, et ses conseillers militaires qui l'enjoignent à observer une plus stricte neutralité.

En juillet 1943, l'effondrement de l'Italie fasciste et l'arrestation de Mussolini par son propre conseil jettent le désarroi dans les rangs de la Phalange. Quelques généraux, parmi lesquels Alfredo Kindelán et Luis Orgaz (1881-1946), profitent de la situation pour tenter d'écarter Franco, avec le soutien des États-Unis. Don Juan de Bourbon (1913-1993), prétendant au trône depuis la mort d'Alphonse XIII en 1941, tente lui aussi de convaincre le Caudillo de se retirer honorablement en faveur de la monarchie.

Lorsque Franco voit débarquer le carliste José Varela dans sa villa du Pardo, muni d'une lettre signée par huit de ses généraux l'invitant à se retirer, il reste très calme. Face au débarquement anglo-américain en Sicile (8 novembre 1942), il a su réagir avec sang-froid en sacrifiant Suñer au comte Gomez Jordana (1876-1944), plus consensuel pour négocier avec les Alliés si ceux-ci devaient gagner la guerre. Qui plus est, le rétablissement des Cortes dès 1942 sauve les apparences. Il ne lui reste plus qu'à convoquer les généraux conjurés, un par un, et à obtenir leur rétractation en les persuadant que lui seul est indispensable au salut de l'Espagne face au communisme. Pour faire bonne mesure, il rappelle également la division Azul du front de l'est en septembre 1943.

UNE GUERRE FROIDE PROVIDENTIELLE (1946-1959)

L'Espagne franquiste mise au ban des nations (1944-1946)

Franco ne veut pas être chassé du pouvoir et connaître la fin tragique d'Hitler et de Mussolini. Or, la victoire définitive des Alliés sur les puissances de l'Axe ne lui laisse plus qu'un choix s'il veut rester à la tête de l'Espagne : faire bonne figure devant les vainqueurs de la guerre et exploiter le regain de menaces communistes en Europe.

Or, en 1945, le franquisme semble destiné à s'effondrer dans le sillage des régimes nazi et fasciste auxquels il est étroitement associé. L'Espagne est mise à l'écart de la conférence de San Francisco (avril-juin 1945) qui marque la création de l'ONU, et, lors de la conférence de Postdam, qui s'est tenue en août 1945, les trois grands vainqueurs (l'URSS, les États-Unis et la Grande-Bretagne) confirment la motion d'exclusion à l'encontre de l'Espagne. Pire encore, en décembre 1946, l'Assemblée générale des Nations unies dénonce l'Espagne franquiste comme étant un régime fasciste et moralement odieux, et prononce son exclusion de toutes les institutions internationales. Seuls le Vatican, le Portugal et l'Argentine restent du côté de Franco.

Une monarchie sans roi (1946-1948)

Devant l'offensive de la communauté internationale, le dictateur lâche du lest en livrant Pierre Laval (second du régime de Vichy, 1883-1945) à la justice française. Sur l'insistance d'un représentant de Washington, il assouplit également la censure en autorisant dans les cinémas la diffusion d'images des camps de Dachau et de Bergen-Belsen pour atténuer le courant d'opinion germanophile qui s'exprime dans la presse à l'ouverture du procès de Nuremberg (20 novembre 1945-1er octobre 1946). Mais ces gestes d'apaisement n'empêchent pas le Gouvernement français de fermer sa frontière à l'Espagne en février 1946.

La riposte ne se fait pas attendre. À l'occasion du retrait des ambassadeurs de l'ONU, les autorités convoquent un rassemblement sur la place de Lorient, à Madrid, pour le 9 décembre 1946. Ce jour-là, de nombreux véhicules amènent la foule « enthousiaste ». Au milieu des acclamations, le général se déplace lentement, en voiture découverte, et sans protection apparente. Cette stratégie de communication frappe les esprits et démontre aux ambassades étrangères qu'en Espagne les autorités contrôlent la légitimité du régime. Malgré une liberté de façade, la presse est embrigadée pour battre le rappel autour de Franco comme symbole de l'indépendance nationale. Et la propagande fait effet : dans les salles obscures, sa mise en scène provoque l'enthousiasme. Des chefs de claque donnant le signal des ovations sont sans doute présents, mais désormais le public les suit.

Un mois plus tard, la réouverture des Cortes suscite de nouveaux élans d'adhésion, mais rien de commun avec la démonstration de masse de décembre. L'assemblée a vu le quart de ses représentants renouvelés par le Caudillo en personne, et sa composition – elle est dominée par les phalangistes – fait davantage penser à une réédition du Grand Conseil fasciste qu'à un organe démocratique.

Aux yeux du dictateur, le moment est venu de donner à son autorité la consécration qui lui manquait jusque-là. Le 31 mai 1946, il annonce dans un discours radiodiffusé le dépôt d'une loi destinée à assurer la transmission du pouvoir. Poussé par l'amiral de marine Carrero Blanco (1903-1973), l'objectif de Franco est de calmer les aspirations de l'Action catholique en lui laissant espérer un retour à la monarchie.

Mais, en réalité, l'amiral Carrero assure la pérennité constitutionnelle du pouvoir de son maître en lui réservant le privilège de soumettre, aux Cortes, le nom de son héritier.

À long terme, ce projet de succession ne sert pas les intérêts du comte de Barcelone, car l'une des conditions est qu'il renonce à ses droits à la couronne en faveur de son fils. Il incombe donc à Carrero Blanco de convaincre le prince Don Juan de rencontrer Franco pour organiser le retour de son fils, Juan Carlos en Espagne, assurer sa formation et réconcilier la monarchie avec les cadres du régime. Si l'héritier du trône commence par rejeter le projet, sous l'action des lobbys monarchistes, il finit par le reconsidérer, et, le 25 août 1948, Don Juan rencontre discrètement Franco au large de San Sebastiàn. L'entrevue marque une victoire bien curieuse pour le vieux dictateur. En faisant revenir le dernier représentant légitime des Bourbons au pays, il assure un statu quo à long terme entre le camp des monar-chistes et des phalangistes, de même qu'il discrédite les arguments de l'opposition républicaine à l'étranger. Après tout, qui aurait cru que le petit prince qui embarque à bord du *Lusitania Express*, au mois de novembre 1948, choisira d'abolir un jour la dictature qui l'a formé pour réconcilier les Espagnols avec la démocratie ?

Vers la reconnaissance internationale (1948-1950)

En attendant, Franco a gagné son combat contre le temps. Matée, l'armée lui reste fidèle, et les phalangistes sont amadoués par l'assurance d'un statu quo. Quant aux forces conservatrices, elles se réfugient derrière un régime servant leurs intérêts dans l'attente d'une hypothétique ouverture du pays au libéralisme.

Entre-temps, sur la scène internationale, la précision de la menace communiste conduit les États-Unis à reconsidérer l'utilité de l'Espagne de Franco dans le cadre de la doctrine Truman (contention du communisme). À partir de 1947, Washington multiplie les gestes amicaux envers Madrid, tout en maintenant l'Espagne en dehors de leur plan Marshall (programme d'aide au rétablissement européen après la guerre) et des négociations qui conduiront à la création de l'OTAN. L'année suivante, la mission du major Sherman auprès de Carrero Blanco pose les premiers jalons d'un accord prévoyant l'établissement de bases américaines sur le sol espagnol.

Au début de 1949, Franco peut, sans risque, abattre son triple jeu : l'anticommunisme, la position stratégique de l'Espagne et l'atout diplomatique du catholicisme. Durant la guerre civile espagnole, les catholiques américains se sont alliés aux franquistes et ont fait pression sur le président Franklin Roosevelt (1882-1945) pour qu'il abandonne ses sympathies républicaines en faveur des nationalistes. C'est donc en toute logique que Franco nomme, dès 1945, le président de l'Action catholique, Alberto Martín-Artajo (1905-1979), au poste de ministre des Affaires étrangères. Considéré comme un catholique fréquentable, cet homme s'impose comme l'intermédiaire entre les cadres du régime, la hiérarchie de l'Église espagnole et les milieux conservateurs anglo-saxons et européens en vue de faire accepter définitivement la dictature née du putsch de 1936.

Avec son administration, Artajo parviendra également à mettre au point le concordat de 1953 par lequel le Vatican reconnaît le Gouvernement de Franco et accorde à l'Église espagnole d'importants privilèges. En outre, le ministre entretient des relations suivies avec des éminences du clergé américain et peut influencer les lobbys espagnols à Washington grâce notamment à l'entremise de Mgr Francis Spellman (archevêque de New York, 1889-1967). Pour clore son jeu de séduction, Franco envoie personnellement son émissaire, José Félix de Léquérica (1891-1963), chargé de fonds secrets, convaincre les milieux d'affaires américains que l'Espagne est bel et bien prête à s'engager pour endiguer l'invasion soviétique, moyennant un soutien pour réorganiser son armée d'à peine 300 000 hommes. Loin de confier son avenir au hasard de la conjoncture internationale, le dictateur témoigne d'une souplesse en écartant la Phalange, trop compromise, tout en continuant à la maîtriser, car elle reste indispensable pour mobiliser les foules, et en exploitant les talents de communication des conservateurs de l'Action catholique. Il s'assure aussi le soutien des conservateurs pour garantir la respectabilité du régime.

Grâce à cela, Franco espère que l'isolement de l'Espagne sera bientôt brisé. Le blocus de Berlin (12 mai 1949) puis la victoire de Mao Zedong (1893-1976) en Chine populaire jouent en faveur de ce scénario. Les choses se précipitent lorsqu'en septembre 1949, pour la première fois depuis la guerre civile, le roi Abdallah de Jordanie (1882-1951) visite l'Espagne lors d'un voyage officiel. Franco acquiert grâce à lui une nouvelle stature devant les Espagnols, celle du « sentinelle de l'Occident » qui a brandi, en premier, sa bannière contre Staline. La presse officielle use ensuite pleinement de cette image du Caudillo pour séduire les Américains. À Washington, l'émotion suscitée par le déclenchement de la guerre de Corée (25 juin 1950) fait tomber les dernières réticences à l'égard de l'Espagne. Aussitôt, le Congrès vote un premier crédit de 62,5 millions de dollars en faveur de Madrid et, le 4 novembre 1950, l'ONU adopte une résolution en prévision de la réintégration de l'Espagne dans les instances internationales.

Quand Franco alignait son pas sur celui d'Eisenhower (1952-1959)

L'accession d'Eisenhower (1890-1969) à la présidence des États-Unis, en novembre 1952, accélère la réhabilitation de l'Espagne franquiste. En tant que chef suprême des forces alliées, pendant la Seconde Guerre mondiale, Ike a pu se convaincre de l'importance stratégique de l'Espagne dans le bras de fer qui l'a opposé aux Soviétiques.

À peine s'est-il assis dans le Bureau ovale de la Maison-Blanche que le président relance les protocoles d'accord ébauchés en 1948 pour l'octroi de bases militaires hispaniques aux États-Unis. En août 1953, Franco prend personnellement le contrôle des négociations avec les ambassadeurs américains à travers son homme de paille, le lieutenant général Juan Vigón (1880-1955). Pressé par ses interlocuteurs américains d'en finir, Franco doit se résoudre à signer un triple accord qui prévoit la cession des bases de Torreón (près de Madrid), de Saragosse, de Moron et de Rota (base navale près de Cadix) pour dix ans renouvelables. Pour un homme tel que Franco, les termes du rapprochement hispano-américain reviennent à abandonner une part de sa souveraineté et à exposer son pays aux représailles de Moscou, sans pour autant recevoir la garantie que les États-Unis interviendront en cas de besoin. Cependant, il paraît impossible qu'une atteinte des Soviétiques à l'intégrité du camp occidental n'entraîne pas une riposte des Américains.

À la fin de 1953, on peut considérer que le dictateur a en partie atteint l'objectif qu'il s'était donné. Depuis la levée de boucliers contre son pays en 1946, il a consolidé les assises de son régime au prix d'une répression féroce contre les guérilleros communistes et d'un remaniement – en apparence – de son gouvernement, au diapason des sensibilités conservatrices des Britanniques et des Américains. Le 21 décembre 1959, la poignée de main échangée entre Franco et Eisenhower à Madrid n'est qu'un coup de com-munication de plus orchestré par la Phalange, pour rassurer les Espagnols et leur faire oublier que l'Espagne ne joue pas au même rang que les États-Unis. Mais qu'importe à Franco : réhabilité par l'ONU, le 15 décembre 1955, il est désormais assuré de faire prospérer sa dictature, et ce avec la reconnaissance de la commu-nauté internationale.

L'ESPAGNE FRANQUISTE À L'HEURE DU *NEW DEAL* (1955-1965)

Franco face à la pénurie (1955-1956)

En 1955, Franco est un sexagénaire au sommet de sa forme, convaincu d'avoir porté son régime à maturité et persuadé que le modèle autarcique, hérité des années d'isolement du pays, suffira à maintenir la paix sociale. Mais, si son habileté à gérer l'État espagnol est incontestable, rien ne l'a préparé à orienter le développement économique d'une nation qu'une guerre civile et mondiale ont ruinée.

Habitué à disposer d'abondantes ressources alimentaires fournies par les terres à blé de Castille et les côtes de Galice, il se débat, depuis la fin de la guerre civile, avec une conjoncture de pénurie à laquelle il n'est pas accoutumé. Bien que novice en la matière, le Caudillo se rallie naturellement à un modèle économique antilibéral, qui semble conjuguer, pour un temps, ses aspirations de contrôle absolu avec l'état catastrophique du commerce international en 1940.

Sincèrement préoccupé par les problèmes sociaux, il élabore, avec l'aide de son ministre du Travail, José Antonio Girón (1911-1995), une législation sociale qui fonde la sécurité de l'emploi et réprime le droit de grève comme une trahison portant atteinte à la richesse de l'Espagne.

En 1956, les voyages que le dictateur effectue dans le nord et le nord-ouest du pays pour inaugurer les entreprises publiques de l'INI (Institut national d'industrie créée en 1941), telles que notamment le plan d'irrigation de Badajoz, suffit à le convaincre qu'il est l'homme de la situation, réussissant là où les républicains ont échoué, et distribuant à tour de bras nouvelles parcelles de terre et logements aux paysans d'Estrémadure, dont les bidonvilles sont, à ses propres dires, « une honte à extirper » (BENNASSAR (Bartolomé), *Franco*, Paris, Tempus, 2011, p. 113).

Mais la situation est loin d'être aussi idyllique que feint de le croire Franco. En 1950, le PIB n'a pas retrouvé son niveau de 1935. Les chantiers lancés par l'État sont loin d'être rentables et les travailleurs, obligés de répondre aux demandes du régime pour survivre, ne voient pas leur faible salaires augmenter, malgré un travail soutenu et des jours perdus pour grèves. Cet écart grandissant entre un salaire *per capita* parmi les plus faibles d'Europe après le Portugal, et une inflation mal contenue n'est pourtant qu'un des nombreux éléments qui sous-tend l'affaiblissement du régime franquiste et prépare, lentement mais sûrement, l'ouverture de la société espagnole vers plus de modernité.

L'impact de la grève blanche de 1951 à Barcelone et à Madrid, initiée par les syndicats socialistes pour contester le prix des tickets de tram, pousse le Caudillo à reconsidérer les bases politiques et économiques de son régime. Suite au remaniement ministériel de 1951, il gagne un peu de temps en chargeant Carrero Blanco de contrer la Phalange et de conforter la position de l'Église catholique comme pierre angulaire de la dictature. Dans un même temps, l'autarcie est progressivement abandonnée et, grâce à l'ouverture de crédits aux entreprises étrangères accordés par le ministre du Commerce, Manuel Arburua (1902-1981), le salaire par tête atteint son niveau d'avant-guerre civile dès 1953. En attendant, l'absence totale de contre-pouvoirs capable de relayer les opinions contraires au régime fait que Franco est assis sur une marmite prête à déborder.

La grève universitaire de 1956

Pour la première fois depuis longtemps, le dictateur est dépassé. L'année 1956 ressemble, pour lui, à l'œil d'un cyclone où les événements se télescopent. Elle s'ouvre avec la révolte universitaire qui a lieu à Madrid en février. Supportant de moins en moins la chape morale imposée par les catholiques, des jeunes issus des rangs d'une Phalange frustrée profitent des tentatives de libéralisation de l'enseignement, lancée par Joaquin Ruiz-Jiménez (1913-2009) en 1951, pour raviver l'opposition dans les milieux universitaires. Soucieux de devancer les réclamations des étudiants, celui-ci brave la dictature en réhabilitant quelques professeurs républicains et en organisant des activités culturelles comme des hommages appuyés au philosophe Ortega Y Gasset.

Cette expérience de libéralisation inédite contribue à nourrir des inquiétudes chez les étudiants, qui prennent conscience de l'étroitesse de l'horizon mental et culturel proposé par le franquisme. Peu à peu, des groupuscules dissidents se forment. Outre des militants communistes, l'opposition séduit également des jeunes non politisés aspirant à exprimer leurs revendications en dehors des canaux de la dictature.

Le premier écart a lieu en 1955 lors d'échauffourées entre la garde civile et des étudiants venus réclamer la dévolution de Gibraltar à l'Espagne. La visite qu'y fait la reine Élisabeth II (née en 1926), en 1954, sert de prétexte au syndicat pour organiser, sans risque croyait-il, une manifestation de masse visant à démontrer son influence sur les étudiants en les mobilisant autour d'une vieille revendication nationale.

Mais la véritable rupture se produit le 9 février 1956, lorsque les socialistes madrilènes ressuscitent l'ASU (l'Association socialiste universitaire) à l'occasion d'un match de foot très arrosé. Au cours du printemps, plusieurs étudiants – socialistes et transfuges de la Phalange – collaborent, sous la direction de l'écrivain Jorge Semprun (1923-2011), à la rédaction d'un *Manifeste des fils des vainqueurs et des vaincus*, qui appelle à une grève de 48 heures et à la rédaction d'une déclaration des droits humains. Publié le 1er avril 1956 dans des journaux internationaux tels que *Le Monde*, l'écho qu'a l'appel à l'intérieur et hors des murs de l'université de Madrid inflige un sérieux camouflet à Franco et signe la fin de l'expérience d'ouverture de Jiménez.

En ignorant l'agitation des étudiants, le chef montre ses limites. Il ne comprend pas que cette fronde marque la première fracture importante parmi les cadres de sa dictature. Sa seule réponse consiste à déclarer l'état d'exception pour la première fois depuis la fin de la guerre civile. De nombreux étudiants sont emmenés à la prison de Carabanchel, dans la banlieue de Madrid. Parmi les meneurs de la grève figurent, notamment, Ramón Tamames (né en 1933), le poète Dionisio Ridruejo (1912-1975), un ancien combattant de la division Azul en Russie, et Laín Entralgo (1908-2001), président de l'université de Madrid et phalangiste séduit par le réformisme. À eux seuls, ce groupe de détenus politiques (les seuls de l'époque) réunissent des cadres de la dictature et une nouvelle génération d'Espagnols se positionnant contre un monde en noir et blanc issu d'une guerre civile désormais lointaine.

Le remaniement ministériel de 1957

La contestation étudiante n'est toutefois pas le seul problème auquel Franco doit faire face. Jusqu'à présent, il est parvenu à maintenir l'équilibre entre ses ministres issus de la Phalange et Alberto Martín-Artajo, José Antonio Girón et Ruiz Jiménez de sensibilité démocrate chrétienne. Mais la politique d'ouverture que ces derniers prônent met le régime en péril. Outre le tollé provoqué par l'expérience de libéralisation de Jiménez, les mauvaises récoltes de 1954 et 1955 ne permettent plus d'absorber les hausses salariales imposées par le ministre du Travail, Antonio Girón, au risque d'aliéner les masses ouvrières et rurales à la dictature. De plus, l'obsession de José Luis Arrese (1905-1986) à renforcer le rôle central de la Phalange, à la faveur d'une nouvelle loi fondamentale, achève de la mener dans une impasse sociale, économique et institutionnelle.

Carrero Blanco souffle alors la solution au Caudillo. Il s'agirait de dépolitiser l'administration en confiant sa gestion à des hommes issus ni de la Phalange ni de l'Action catholique, mais dotés de sérieuses compétences techniques. La crise de 1956 débouche sur un important remaniement ministériel faisant la part belle à une nouvelle génération d'hommes politiques qui possèdent tous une solide préparation en économie et en droit. Veillant à y intégrer au moins deux ministres membres de l'Opus Dei, Carrero Blanco fait là un calcul habile en déplaçant définitivement les éléments identitaires de la dictature vers le fondement national-catholique.

Une fois rassurés quant à l'obéissance des Espagnols aux principes du Mouvement et à la doctrine de l'Église catholique, les technocrates peuvent s'atteler à la libéralisation de l'économie avec la mise en place du plan de stabilisation qui clôturera la période d'autarcie en 1959. Avec elle, la dictature se débarrasse de ses dernières réminiscences fascistes en ouvrant une nouvelle période de son histoire : celle du *desarrollismo* (« développement ») qui remplacera la légitimité de Franco, comme vainqueur de la guerre civile, par une légitimité d'exercice, comme artisan de la prospérité économique de l'Espagne.

UNE LENTE SORTIE DE PISTE (1959-1970)

Un miracle économique aux conséquences paradoxales

L'arrivée dans les affaires du gouvernement des technocrates en 1957 marque un changement de cap pour Franco. Les épreuves qu'il traverse, au cours des années cinquante, ont sérieusement écorné son prestige d'homme d'État. Après avoir été obligé de laisser le Maroc espagnol accéder à l'indépendance, son inaptitude à apporter des réponses aux demandes d'ouverture de la nouvelle génération le convainc de préparer sa passation de pouvoir.

Le dictateur confie les destinées du régime à une nouvelle génération d'hommes politiques dont les figures de proue sont Mariano
Navarro Rubio (1913-2001), ministre de l'Économie, Alberto Ullastres
(1914-2001), ministre du Commerce, et Laureano López Rodó
(1920-2000), assistant de Carerro Blanco au ministère de la Présidence.
Formés dans les rangs de l'Opus Dei, ces hommes font converger leurs
efforts pour rationaliser l'État et réduire son intervention dans l'économie au profit du secteur privé. La stratégie gouvernementale consiste
à faire oublier le manque de légitimité démocratique du régime en
entretenant l'illusion, auprès des gens, que la liberté commence avec
800 dollars en poche par an et par citoyen.

En 1959, le Gouvernement promeut un plan de stabilisation tenant
de la philosophie néo-libérale et de la planification étatique.
Les ministres laissent une large marge d'investissement aux entreprises privées en ne réservant l'aide de l'État qu'à de grands chantiers
lancés pour le développement industriel et agricole du pays. Après
un temps de récession, la croissance finit par atteindre 7 % chaque
année, taux égalé seulement par le Japon en 1962.

Le plus grand défi des gouvernements d'experts – qui se succèdent
dans les années soixante – est de reconquérir l'adhésion des masses
dans une société bouleversée. En quelques années seulement,
l'Espagne a changé de visage pour devenir un pays industrialisé et
urbanisé. En 1960, la création de nouveaux pôles industriels diversifie
la production, jusqu'ici concentrée sur les bassins de Catalogne et du
Pays basque, et stimule l'exode rural vers des villes moyennes comme
Valladolid et Saragosse. Mais, bien que le secteur industriel emploie
32 % de la population (contre seulement 24 % en 1930), la croissance n'est pas assez forte pour absorber la demande de ces gens qui
désertent massivement l'agriculture. Les salaires étant trop faibles et
les syndicats toujours interdits, des milliers de ruraux émigrent vers
des pays plus compétitifs comme la France et l'Allemagne.

À l'inverse, l'intégration de l'Espagne au FMI (Front monétaire international) permet d'attirer les touristes européens. Dans le but de recapitaliser
l'économie, le ministre de l'Information, Manuel Fraga (1922-2012),
lance une vaste campagne de promotion touristique à travers le slogan
« *Spain is different* » (« L'Espagne est différente »). Des villes balnéaires,
à l'exemple de Benidorm, sont reconstruites autour de parcs d'hôtels
luxueux afin de donner au pays des allures paradisiaques.

Le flux de devises étrangères vient soutenir une croissance aux conséquences paradoxales. Grâce à l'essor du secteur tertiaire, les classes
moyennes se diversifient et commencent à accéder aux crédits immobi-
liers et aux biens de consommation. L'accès au logement, à la télévision
(1 % des ménages en 1960) et surtout la possession d'une Fiat 600
(six voitures pour 1 000 habitants en 1958), deviennent des symboles de
réussite sociale. Bien que le plan de stabilisation ait un effet subversif,
la croissance qu'il génère est aussi porteuse de consensus.

Malgré l'écart grandissant entre un régime méfiant et l'aspiration des
Espagnols à vivre « normalement », la disposition de Franco à offrir
au peuple du pain et des jeux l'aide à préserver l'apolitisme des classes
moyennes. Durant la première moitié des années soixante, le vieux
dictateur engrange encore quelques gains comme l'ouverture officielle
des négociations avec la CEE (Communauté économique européenne)
en 1962. Mais Franco prend peu à peu conscience que la tendance de la
bourgeoisie à contourner les interdits mènera à la rupture de sa dictature.

Tenir et assurer l'avenir

Malgré sa vieillesse, Franco tient toujours fermement les rênes de
l'Espagne en 1965. Mais la perte des repères et sa santé chancelante
l'obligent à préparer sa succession. Atteint de la maladie de Parkinson,
il délègue ses responsabilités à Carerro Blanco. En bon gardien du
temple, l'amiral a pour mission de perpétuer le régime après la mort

du Caudillo. En 1967, il est l'artisan d'une nouvelle loi organique censée finaliser la modernisation de l'administration franquiste. L'Espagne y est décrite comme une monarchie basée sur les principes du Mouvement national. La loi entérine également la perte d'influence de la coalition franquiste et de l'Église en confiant la gestion de secteurs-clés, comme l'enseignement, à des fonctionnaires. La justice échappe au contrôle des conseils militaires, remplacés, dès 1963, par des tribunaux civils. Bien que Blanco consente à une timide réforme démocratique en instituant des associations émanant de la société civile, ces espaces de « liberté » restent tributaires du contrôle de l'administration officielle.

Or, les ministres s'inquiètent du déclin de Franco décliner alors que celui-ci n'a pas encore désigné de successeur. Certains soutiennent alors la candidature de Juan Carlos. Depuis son arrivée de Suisse, en 1948, le prince a en effet réalisé le parcours que l'on attendait de lui. Confié aux soins de mentors émergeant du Mouvement national, le prince a pu faire son entrée à l'université de Madrid en 1960, et dans le monde, en 1962, en épousant la princesse Sophie de Grèce (née en 1938). En 1968, le couple donne naissance à l'infant Felipe (né en 1968). La majorité du prince, couronnée par la naissance d'un héritier, presse Franco à se prononcer en sa faveur.

En 1969, Juan Carlos se voit habiliter à succéder au Caudillo « à titre de roi ». Il n'est bien sûr pas question d'une monarchie parlementaire, mais le précepteur de Juan, Torcuato Fernández Miranda (1915-1980), l'empresse d'accepter, l'assurant que la volonté des Espagnols finira par s'imposer.

De nouvelles résistances

Mais la désignation de Juan Carlos creuse un peu plus la fracture au sein de la dictature entre traditionalistes et progressistes. Face à la faction de Carrero Blanco – garante de la continuité des institutions après Franco –, certains ministres phalangistes, à l'exemple de Manuel Fraga Iribarne (1922-2012), plaident aux Cortes pour une ouverture du régime. Outre le développement du tourisme, le ministre insiste sur la nécessité d'instaurer une liberté d'expression contrôlée par le Mouvement. En 1966, il parvient à faire remplacer l'ancienne loi de presse (datant de 1938) par un régime de censure *a posteriori* autorisant les maisons d'édition à nommer leurs directeurs et à sortir leurs titres sous réserve de respecter la morale et l'ordre public. Bien que le but consiste à renforcer l'emprise du Mouvement, des ministres, tels que Joaquin Ruiz Jiménez, s'engouffrent dans la brèche pour fonder leur propre journal et alimenter une opposition d'avant-garde.

Les protestations universitaires de 1956 ne représentent que la partie visible de l'infléchissement que connaît l'opposition antifranquiste depuis 1951. Outre les communistes exilés et le mouvement ouvrier, elle est appuyée, au début des années soixante-dix, par des acteurs autrement plus proches de Franco : les classes moyennes, la bourgeoisie des régions périphériques et même tout un pan de l'Église catholique. Pour cette dernière, le début des années soixante coïncide avec une profonde remise en question suite à l'élection du cardinal Roncalli (1881-1963) au siège de Saint-Pierre. En cinq ans, le pape Jean XXIII parviendra, par la publication de l'encyclique *Pacem in Terris* et l'initiation du concile Vatican II, à affirmer sa volonté d'adapter l'Église à une société en voie de sécularisation. En Espagne, ces événements font l'effet d'une bombe. Franco est pris en défaut par la seule autorité qu'il respecte : le pape. L'encyclique *Pacem in Terris* démontre clairement l'absence de droits fondamentaux en Espagne. Contraint de réviser la loi fondamentale, le Gouvernement fait approuver une loi de liberté religieuse en 1967 sous l'impulsion du ministre des Affaires étrangères, Fernando Castiella (1907-1976). Mais cet acte consomme la rupture entre l'État franquiste et une partie de la hiérarchie de l'Église espagnole. Le jeune clergé entend se conformer aux doctrines de Vatican II, et les conflits avec les autorités civiles se multiplient. En mars 1966, l'affaire du couvent des Capucins de Sarrià, à Barcelone, dans lequel des prêtres accordent asile à des étudiants pour fonder un syndicat libre, éclate. En outre, 80 prêtres manifestent au mois de mai de la même année en faveur de l'encyclique. Mais le plus grand affront subi par le Caudillo est le soutien du clergé local au séparatisme basque. En août 1968, l'évêque de San Sebastiàn, Mgr Bereciartua, va jusqu'à publier une lettre pastorale très sévère à l'égard du régime, et ce quelques jours après les deux premiers attentats perpétrés par l'ETA.

Pour Franco, cette alliance entre l'Église et le communisme signe l'arrêt de mort du régime. Privé d'idéologie justificatrice, l'influence des technocrates s'effondre. En 1969, le clan des progressistes exploite leur succès pour mener une attaque de front contre le parti de Carrero Blanco. La dénonciation du scandale politico-financier de l'usine textile MATESA, le 23 juillet 1969, met à jour la corruption du Gouvernement et crée, avec la chute des ministres, un vide politique dont les partis catholiques officieux profiteront pour préparer la transition comme si Franco n'était déjà plus.

L'AGONIE DU CAUDILLO (1970-1975)

Le temps des incertitudes

À la fin de sa vie, le Caudillo est une autorité tutélaire. Sa présence et son arbitrage servent souvent de garde-fou à l'amiral Blanco pour éviter la désagrégation du noyau dur du régime. C'est notamment le cas à la fin de l'année 1970, alors que les activistes basques de l'ETA intensifient le rythme de leurs attentats pour déstabiliser la dictature.

En décembre de cette année-là, le Gouvernement Blanco décide de traduire en justice 16 activistes de l'organisation révolutionnaire, accusés d'avoir assassiné un policier en 1968, au cours d'un procès public, à Burgos. Mais, ce faisant, le Gouvernement commet une erreur, car il donne à l'opposition une tribune toute choisie afin de démontrer que le régime est toujours aussi répressif et rongé – y compris au sein de l'armée – par une ambiance délétère due à la fin de course du dictateur. Au final, six des activistes sont condamnés à mort, neuf autres obtiennent la perpétuité, et le dernier est relaxé. Pour éviter un esclandre international, Franco doit intervenir personnellement pour commuer les peines. Cependant, ce procès a mis à nu les luttes des factions politiques pour capter l'héritage du Caudillo.

L'abandon du pouvoir

Bien qu'on le voie souvent somnoler au Conseil des ministres, Franco tient toutefois à user de temps à autre de son autorité dans ces querelles de palais. En 1973, il se décide à dissocier les fonctions de chef d'État et de chef de Gouvernement en nommant Carrerro Blanco président du Gouvernement pour cinq ans. En plaçant aux côtés du futur monarque l'homme qui saura aux mieux faire respecter les lois fondamentales du régime, Franco croit finaliser sa succession. Avec un Gouvernement comptant cinq ministres de la Phalange et quatre techniciens catholiques, il espère que cette nouvelle équipe parviendra à assurer sa continuité après sa disparition.

Cependant, Carrerro Blanco ne disposera que de peu de temps pour mettre son programme en œuvre. Le 22 décembre 1973, des ouvriers travaillant dans la cour de l'église Saint François de Borgia sont surpris par une explosion. Pris de panique, ils croient d'abord à une fuite de gaz. Mais quand une voiture vient s'écraser sur le toit, en plein milieu de la cour, ils réalisent qu'ils viennent d'assister à un attentat à la bombe. Dans l'après-midi, les activistes de l'ETA revendiquent la réussite de l'opération « del Ogro » et se félicitent d'avoir éliminé, avec Carrerro Blanco, le roc qui maintenait la dictature franquiste en équilibre. Le scénario de la succession s'en trouve compromis.

L'image pathétique d'un Franco fondant en larmes aux obsèques de l'amiral prouve à quel point la perte de son fidèle second fut un coup dur pour lui.

Une interminable fin de règne

La disparition de Carrero Blanco laisse le clan des technocrates orphelins de leur protecteur. Celui qui lui succède n'est autre que Carlos Arias Navarro (1908-1989), ministre de l'Intérieur et ancien responsable de la sécurité de l'amiral. Ce choix démontre la dégradation du Caudillo et l'emprise grandissante de son clan familial. Craignant de perdre tout crédit, le jour où Franco s'éteindrait, la famille du Caudillo profite de la mort de Blanco pour reprendre la main et rassembler tous les éléments hostiles à l'évolution du régime. Dans ces perspectives, Arias Navarro, ancien policier durant la guerre civile, offre toutes les garanties pour faire le ménage dans les rangs du Gouvernement et neutraliser, à l'heure fatidique, le successeur désigné.

Le Gouvernement qu'il forme, le 4 janvier 1974, est symptomatique de l'épuisement de l'élite franquiste. Composée de techniciens apolitiques, son équipe capte l'autorité du Caudillo et applique une ligne répressive très sévère en évinçant les figures les plus progressistes comme Manuel Fraga Iribarne. Certains ministres se rattachent pourtant au parti réformateur, notamment le ministre de l'Intérieur, José Garcia Hernandez (né en 1915) et Antonio Carro Martinez (secrétaire de l'administration économique, né en 1923), proches de Juan Carlos. À eux deux, ils se posent en instigateur d'une politique d'ouverture qu'Arias Navarro tente de récupérer dans un discours qu'il prononce devant les Cortes le 12 février 1974. Ce dernier, piloté par Antonio Carro, se place dans une ligne médiane visant l'exclusion des extrémistes, des franquistes et des démocrates, et la réunification de l'élite politique autour de la préservation de l'héritage de Franco ainsi que la promesse d'ouvertures plus généreuses. Mais l'incapacité du policier à se débarrasser de ses réflexes autoritaires tue l'effort dans l'œuf. De plus, il subit le harcèlement de la famille de Franco qui, dans l'espoir de fonder sa propre lignée, pose ses pions. En 1972, la petite fille du Caudillo s'est unie au cousin germain de Juan Carlos, Alfonso de Bourbon (1939-1989). Avec cette alliance, le clan Franco espère discréditer le successeur désigné. Mais le Caudillo n'est pas encore assez affaibli pour céder à l'ambition des siens de fonder une dynastie ; pas plus que pour laisser la conduite des affaires à Arias Navarro sans imposer ses vues avec poigne. Pressé par son entourage, il reprend donc ses fonctions le 2 septembre 1974, après un intérim de Juan Carlos. Mais la reprise en main des affaires par un Franco physiquement diminué ne peut faire illusion.

Le 13 septembre, un nouvel attentat de l'ETA, visant la direction de la Sûreté à Madrid, tue 12 personnes, mettant le nouveau Gouvernement en échec. Aux yeux de la vieille garde phalangiste, regroupée au sein du parti d'extrême droite Fuerza Nueva (« Nouvelle force »), Arias, autrefois si dur, s'est affaibli, tandis que les éléments les plus modérés de son équipe sont destitués ou démissionnent les uns après les autres. Cette débandade reflète le climat d'une interminable fin de règne.

Les événements de l'automne 1975 éclairent la fin du parcours du dictateur. Au mois de septembre, le Conseil des ministres prononce des peines capitales à l'encontre de trois militants du FRAP (Front révolutionnaire antifasciste et patriote) et de deux autres de l'ETA, à l'issue d'un deuxième procès tenu à Burgos. La multiplication des attentats peut expliquer cette sévérité. Mais ce que l'opinion internationale tolère d'autres pays, elle ne peut pas l'admettre de l'Espagne franquiste. Pourtant, ni les appels de Paul VI (1897-1978), ni les violentes manifestations organisées contre les ambassades espagnoles à l'étranger n'ont raison de la fuite en avant d'une dictature en perdition. La dernière manifestation de soutien au régime, organisée place de Lorient le 1er octobre 1975, offre le spectacle d'une mascarade devant un généralissime sénile.

Deux semaines plus tard, le Caudillo est victime d'une crise cardiaque. Obligé d'endosser le rôle de chef d'État, Juan Carlos se trouve au cœur d'une grave crise militaire avec le Maroc à propos du Sahara occidental. En tant que nouveau chef des armées, il se rend à El Anin pour s'assurer que la marche verte, décrétée par le roi du Maroc Hassan II (1929-1999) pour écraser la révolte sahraouie et pour annexer ce qui reste des territoires espagnols au Maroc, ne dégénère pas en affrontement avec les unités basées dans la région d'Ifni et de Seguiet, sous contrôle espagnol.

Pendant ce temps, les Espagnols tentent de deviner l'évolution de l'état de santé du Caudillo à travers des communiqués faussement rassurants. La vérité est plus tranchée : œdème pulmonaire, hémorragies répétées, blocages des reins... Au Pardo, le clan des fidèles tente de retarder l'échéance : si le Caudillo survit jusqu'au 26 novembre, il serait possible de lui arracher le renouvellement des dignitaires aux postes-clés des Cortes ainsi que de couper court à toutes décisions que le roi et ses conseillers pourraient prendre et qui compromettraient la continuité du régime. Mais c'est beaucoup demander. Franco n'en peut plus et sa famille fait bloc pour qu'on le laisse mourir en paix. Il s'éteint dans sa 83e année, à l'aube du 20 novembre 1975, mettant un point final à la dictature la plus longue du XXe siècle.

POSTÉRITÉ DU RÉGIME FRANQUISTE

UNE TRANSITION DÉMOCRATIQUE SOUS TENSION (1975-1982)

Une amorce de démocratisation incertaine (1975-1976)

Peu de temps après la mort du Caudillo, les démocrates-chrétiens, les socialistes et les communistes, unis au sein d'une plateforme de coordination démocratique, réclament la réhabilitation des prisonniers politiques, la suppression des juridictions spéciales et la restitution du patrimoine spolié aux organisations politiques et syndicales interdites par la dictature. Tous craignent de voir l'armée renouveler le putsch de 1939. Pour calmer les esprits, les personnalités les plus réformistes de l'ancien régime prennent les choses en main et associent les dignitaires de l'armée à la prestation de serment de Juan Carlos devant les Cortes, le 22 novembre 1975. Ce faisant, ils rassurent les fidèles de Franco, tout en avalisant l'accession au trône du prince Bourbon.

Les premiers gestes posés par le nouveau roi sont symboliques. Le 25 novembre, pour marquer le début de son règne, il promulgue une grâce permettant à 9 000 prisonniers de bénéficier d'une réduction de peine. Mais ces signaux d'ouverture adressés à la société civile ne suffissent pas à masquer les tensions entre le clan progressiste rassemblé autour de Juan Carlos, et le noyau dur des fidèles du Caudillo. Par prudence, le souverain reconduit Arias Navarro à la tête de son Gouvernement, le 12 décembre suivant. Malgré cela, le climat de violence, alimenté entre autres par les partis d'extrême droite, menace de faire basculer le pays dans une nouvelle guerre civile. Pour Juan Carlos, il devient urgent de négocier avec les partis de l'opposition modérée pour mener les Espagnols sur la voie de la réconciliation nationale.

Vers la dissolution des institutions franquistes (1976-1977)

À partir du mois de mai 1976, l'élite progressiste, formant la majorité du Gouvernement, s'engage prudemment dans le démantèlement de la dictature. Alarmés par de violents affrontements de rue, ayant fait trois morts et une centaine de blessés à Montejurra (Pays basque), les Cortes approuvent deux projets de loi autorisant la liberté d'association. Cela ne plaît guère à Arias Navarro qui remet sa démission au roi le 1ᵉʳ juillet. Juan Carlos a désormais la possibilité d'appeler aux affaires une personnalité partageant ses conceptions démocratiques : Adolfo Suárez (1932-2014). Peu connu du public, ce jeune cadre de 43 ans, issu du Mouvement national, est d'abord accueilli avec froideur par l'opposition démocratique. Mais, dès le 6 juillet, Suárez annonce l'instauration d'un Gouvernement catholique à la tête duquel il souhaite mettre en place des réformes. Son premier acte est d'accorder l'amnistie à quelque 300 prisonniers politiques. Le Gouvernement négocie ensuite avec les partisans de Franco pour les convaincre de la non-viabilité du régime dictatorial sans le Caudillo. Prévue par le dictateur lui-même, la loi de réforme politique signe la dissolution des Cortes franquistes au profit d'élections au suffrage universel prévues pour juin 1977.

Il ne reste donc plus qu'à réhabiliter les partis politiques. Or, sur ce terrain, la légalisation du parti communiste, principal adversaire de la dictature depuis la guerre civile, pose un problème épineux. En équilibre fragile, Suárez promet que les communistes resteront exclus de l'espace démocratique en construction. La situation n'en reste pas moins délicate. Alors que le PSOE est autorisé à tenir son premier congrès en décembre 1976, la police ne sait quelle attitude adopter pour gérer le retour des partisans communistes en Espagne. Ce n'est qu'en avril 1977, après avoir renoncé à la République, juré fidélité au roi et s'être tenu à l'écart de la violence des partis extrémistes de gauche et de droite, que le parti communiste est réintégré dans la vie politique.

Suite à cette réhabilitation, le Gouvernement adopte une série de lois visant à élargir les libertés et à isoler les extrémistes. Le syndicat unique et le Mouvement national sont démantelés tandis que 200 nouveaux partis intègrent le paysage politique entre novembre 1976 et juin 1977. Lorsqu'ils apprennent le rétablissement des syndicats, certains généraux démissionnent de leur poste, tandis que les groupuscules militaires (FET-JONS, Fédération d'anciens combattants et Fuerza Nueva) continuent de défiler dans les rues en brandissant les symboles franquistes. Ces démonstrations de force ne parviennent cependant pas à ébranler le Premier ministre dans sa volonté de mener à bien le processus démocratique.

Le 15 juin 1977 ont lieu les premières élections libres depuis celles de février 1936. Ce jour-là, plus de 200 formations politiques se disputent les faveurs des électeurs dans l'euphorie, mais c'est l'UCD (Union du centre démocratique) qui remporte le scrutin avec 34 % des suffrages. Le PSOE le talonne de près avec 29 %, s'affirmant comme le principal parti d'opposition. Les partis modérés triomphent du PCE (9 %) et de l'Alliance Populaire (8 %), conduit par Manuel Fraga Iribarne, dont l'échec démontre l'épuisement des nostalgiques du régime franquiste. Les extrémistes discrédités, Juan Carlos et Suárez ont démontré leur capacité à installer pacifiquement la démocratie. Le 14 mai 1977, Don Juan renonce finalement à ses droits dynastiques en faveur de son fils. Au lendemain de ces premières élections victorieuses, le nouveau Parlement constituant peut enfin se mettre au travail.

L'autonomie des régions et la Constitution de 1978 (1977-1978)

Pour consolider le consensus, le Parlement adopte à l'unanimité la loi d'amnistie du 15 octobre 1977. À double tranchant, celle-ci réhabilite toutes les victimes de la dictature à condition que les responsables des exactions commises sous Franco bénéficient de l'impunité.

En faisant table rase du passé, les nouveaux dirigeants espèrent pouvoir réformer le pays dans une relative paix sociale. Seulement, en agissant ainsi, Suárez réprime les désirs de justice de l'opposition et augmente encore la frustration de l'opposition extrémiste.

Le Premier ministre s'attaque ensuite à la politique économique. En octobre 1977, il conclut un accord avec l'opposition parlementaire à Moncloa, en vertu duquel les syndicats acceptent de placer leurs revendications entre parenthèses et consentent même à certaines mesures draconiennes, comme le gel des salaires, en échange de garanties sur la réforme politique. Mais cela ne suffit pas à redresser le pays. Pour que l'économie s'améliore, le pays a besoin d'intégrer l'Union européenne et trouve en son roi un ambassadeur exemplaire. En octobre 1976, il est d'ailleurs reçu par le président français Valéry Giscard d'Estaing (né en 1926) qui soutient ouvertement la candidature d'adhésion de l'Espagne à la CEE.

Enfin, pour achever de stabiliser l'Espagne, il semble important aux réformateurs de donner satisfaction aux aspirations d'autonomie des régions, à la fois pour désamorcer la violence de l'ETA, mais aussi car la Constituante a besoin du soutien des nationalistes basques et catalans pour obtenir la majorité absolue au Parlement. En septembre 1977, le Gouvernement rétablit la Generalitat de Catalogne, suivi rapidement, en janvier 1978, par celui du Conseil général basque chargé de lui établir un nouveau statut régional.

Tous dangers d'instabilité écartés, le Parlement peut se consacrer à la rédaction de la Constitution. Une commission spécifique composée de sept députés représentant tous les partis démocratiques (trois pour l'UCD puis un par groupe parlementaire PSOE, AP, PCE et CIU) est créée. Le texte final, approuvé le 31 octobre 1978 en séance plénière, témoigne de la volonté des constituants à se conformer au modèle de la démocratie occidentale. Le champ d'action des trois pouvoirs est clairement défini et l'autonomie des régions réaffirmée. Le 6 décembre 1978, il est approuvé par référendum à une écrasante majorité (88 % des votants). Toutefois, au Pays basque, plus de 55 % de l'électorat rejettent le statut d'autonomie, jugé insuffisant.

L'entrée en vigueur de la Constitution vient officiellement clore la transition en Espagne. L'enjeu, à présent, est de laisser la démocratie reprendre ses droits et d'adapter les mentalités au fonctionnement des nouvelles institutions.

Consolider la démocratie (1979-1981)

Adolfo Suarez convoque à nouveau les Espagnols aux urnes pour instituer le Parlement et les conseils municipaux en mars 1979. Le rapport de force reste toutefois assez inchangé : l'UCD garde la majorité (avec 35 % des voix) même si le PSOE (avec 30 %) ainsi que le PCE (11 %) améliorent leur position au niveau national et municipal. Adolfo Suárez reste donc à la tête d'un Gouvernement qui laisse une belle marge aux nationalistes catalans (7 députés) et basques (8 députés), mais qui reste talonné par une opposition d'extrême droite conduite par le Parti Forces nouvelles.

Sur l'agenda de la législature, la mise en place du statut d'autonomie régionale s'impose comme une urgence. Les Galiciens, les Catalans et les Basques – qui ont vu leur autonomie reconnue sous la seconde république – sont les premiers accéder à ce statut. Les autres régions sont confrontées à un protocole plus lent destiné à leur aménager une autonomie restreinte, ce qui ne réjouit guère les Andalous qui souhaitent bénéficier de la même liberté que la Catalogne et le Pays basque.

L'institutionnalisation complexe des États régionaux contribue à la crise qui menace la légitimité de la jeune démocratie entre 1979 et 1981. Après l'euphorie des mois ayant suivi la disparition de Franco, les Espagnols sont en proie à l'abattement. Le chemin vers la reconstruction est en effet bien plus complexe qu'il n'y paraît. Une enquête réalisée en 1980 montre d'ailleurs que, pour un tiers des Espagnols interrogés, la situation s'aggrave depuis la mort du Caudillo. Le choc pétrolier de 1979 vient noircir encore le tableau en provoquant une hausse des prix et en enrayant la croissance économique de 1980 et de 1981.

Après avoir brillamment mené la transition, Suárez déclare la fin de la trêve des partis en faveur de la normalisation politique. Mais, exténué par plus de trois ans de négociations, il se montre incapable d'administrer efficacement la démocratie qu'il a contribué à construire. Affaibli par les rivalités au sein de l'UCD, il remet sa démission au roi le 29 janvier 1981.

Juan Carlos au secours de la démocratie (février 1981-1982)

Bien qu'elle se soit tenue en marge du processus de transition, l'armée est tourmentée par le risque de séparatisme et les attaques terroristes dont elle est la première cible. Nostalgique de la dictature, l'armée ne pardonne pas au Premier ministre la légalisation du parti. Or, avec la configuration politique de l'hiver 1981, une nouvelle opportunité s'offre aux militaires de restaurer l'autorité de l'État. Le 23 février, alors que le Parlement s'apprête à voter l'investiture du successeur de Suárez, Leopoldo Calvo-Sotello (1928-2008), des gardes civiles menées par le lieutenant-colonel Antonio Tejero Molina (né en 1932) font irruption dans l'hémicycle. Affirmant agir au nom du roi, les putschistes prennent les députés et le Gouvernement en otage, en attendant l'arrivée du général Alfonso Armada (1920-2013), censé prendre la situation en main. Ancien secrétaire de Juan Carlos, ce dernier voudrait imposer un gouvernement de concentration avec l'appui des socialistes et des communistes. Croyant d'abord que ce dernier instaurerait une nouvelle dictature militaire, Tejero n'en croit pas ses oreilles quand il apprend la volonté d'Armada. Ne pouvant accepter cela, il lui refuse donc l'accès aux Cortes au moment décisif. Le mouvement militaire n'est pas suivi par le reste des forces armées, le roi ayant passé la nuit à exhorter les chefs militaires à rester dans leur caserne. Contre toute attente, le souverain affirme définitivement le crédit de la monarchie parlementaire en Espagne.

En novembre 1975, Juan Carlos dispose de tous les pouvoirs du Caudillo qu'il choisit de déléguer à ses chefs de gouvernement.

L'OMBRE DE FRANCO

La remise en cause de l'héritage franquiste

En 1997, les partis de gauche s'unissent aux nationalistes catalans pour remettre en cause la politique d'amnistie. Les revendications se cristallisent surtout autour de la question des disparus de la guerre civile. Avec le soutien de familles des républicains fusillés, Emilio Silva fonde l'Association pour la récupération de la mémoire historique, et mène une série d'actions qui trouvent un large écho en Espagne. Outre les campagnes d'exhumation des charniers datant de la guerre, il dépose, en 2002, un recours auprès de l'ONU. Son objectif est de faire pression sur le parti populaire, hostile à toute réprobation du franquisme, qui est alors au pouvoir. En réponse à la mobilisation citoyenne, la commission des députés du Congrès condamne officiellement, le 20 novembre 2002, le putsch du 18 juillet 1936.

La loi de 2007 : un impact symbolique

En 2004, l'élection inattendue de José Luis Rodríguez Zapatero (né en 1960), président du PSOE et petit-fils de républicain, revêt un impact symbolique. Désireux de réagir aux attaques du parti populaire, le Gouvernement socialiste multiplie les actes symboliques, comme le déboulonnage de la dernière statue de Franco à Madrid ou l'effacement de toutes les références à la dictature dans l'espace publique.

Plus concrètement, l'équipe de Zapatero élabore une loi qui élargit les droits des victimes de la guerre civile et de la dictature. Relayant les revendications des anciens combattants et de leurs enfants, le texte prévoit :

- la reconnaissance des victimes et des collectifs de combattants ;
- la condamnation de la dictature franquiste et de la violence faite aux personnes ;
- l'octroi de la nationalité espagnole aux exilés l'ayant perdue, ainsi qu'à leurs enfants et à leurs petits-enfants ;
- l'attribution de compensations financières pour les orphelins, les anciens prisonniers et les enfants de guerre ;
- la création du Centro Documental de la Memoria Histórica (CDMH) à Salamanque et la facilitation de l'accès aux archives ;
- la mise en place d'une aide aux projets mémoriels par l'octroi de bourses, dont une partie est allouée aux exhumations ;
- l'élimination, enfin, des monuments et des emblèmes n'exaltant qu'un seul camp et se trouvant dans les bâtiments officiels de l'État, excepté ceux ayant une valeur artistique ou artistico-religieuse qui sont protégés par la loi.

L'effet le plus visible de cette politique est la réouverture, à partir de 2008, de dossiers d'anciens fonctionnaires franquistes à la demande des collectifs de victimes, même si cela vient violer la loi d'amnistie de 1977. Mais l'offensive d'envergure contre le bastion franquiste se brise net quand, en 2011, l'extrême droite profite de la compromission du magistrat qui a lancé le projet dans une affaire d'écoutes téléphoniques pour obtenir sa suspension.

Ainsi, la loi de 2007 manque son objectif à satisfaire les revendications des victimes de la dictature et met à jour le seuil de tolérance que la jeune démocratie espagnole refuse de franchir. Tout au plus concède-t-elle de reconnaître les anciens combattants républicains en ne sanctionnant pas pour autant l'illégalité des décisions émanant des tribunaux franquistes pour les crimes politiques. Plus de 40 ans après sa mort, l'ombre de Franco semble toujours menacer les Espagnols, au point de les dissuader de porter le processus démocratique à terme.

EN RÉSUMÉ

4 déc. 1892	Naissance de Franco
1920-1925	Guerre du Rif
4 fév. 1928	Franco est nommé directeur de l'Académie militaire de Saragosse
1931	Abolition de la monarchie en Espagne
Juill. 1931	Fermeture de l'Académie militaire de Saragosse
16 fév. 1936	Le Front populaire remporte la majorité absolue aux élections
Juill. 1936	Assassinat de José del Castillo et de Calvo Sotelo
18 juill. 1936	Coup d'État
1936-1939	Guerre civile espagnole
1er oct. 1936	Franco est nommé généralissime et chef du Gouvernement
1939	La France et la Grande-Bretagne reconnaissent le Gouvernement de Franco
1er avr. 1939	Franco entre dans Madrid
Déc. 1946	L'Espagne est exclue de toutes les institutions internationales
15 déc. 1955	L'Espagne franquiste est réhabilitée par l'ONU
1965	Franco délègue ses responsabilités à Carerro Blanco
1969	Juan Carlos est habilité à succéder au Caudillo

1973	Franco dissocie les fonctions de chef d'État et de Gouvernement
22 déc. 1973	Décès de Carrerro Blanco lors d'un attentat de l'ETA
4 janv. 1974	Carlos Arias Navarro succède à Carrerro Blanco
2 sept. 1974	Franco reprend ses fonctions
20 nov. 1975	Décès de Franco
22 nov. 1975	Juan Carlos prête serment
15 juin 1977	Premières élections libres depuis 1939
15 oct. 1977	La loi d'amnistie est votée
31 oct. 1978	La Constitution est approuvée
20 nov. 2002	Le congrès condamne officiellement le putsch du 18 juillet 1936

- L'histoire du général Franco est celle d'une improbable réussite aux conséquences tragiques pour l'Espagne. Né en 1892, au sein d'une caste militaire humiliée par la perte des dernières colonies, son horizon se borne, au départ, à une carrière banale dans l'armée de terre. Seulement, habité par l'idée de restaurer la grandeur de l'Espagne, Franco saisit sa chance et intègre le 8e régiment de l'armée d'Afrique à 20 ans. Il y apprend les rudiments de la guerre et se forge une aura de chef. Remarqué par Alphonse XIII, il accède, quatre ans plus tard, au grade de général de brigade contre l'avis des vétérans coloniaux qui finissent tout de même par l'accepter.

- À l'occasion de sa première affectation à Oviedo, en 1917, il découvre les conditions de vie des mineurs asturiens lors d'une grève syndicale. Appelé à statuer en cours martia, sur le sort des meneurs, il se forge une conscience sociale, tout en restant convaincu que l'ordre dépend de l'armée et de l'Église.

- Militaire avant tout, il est placé à la tête du premier tercios de la légion étrangère, en pleine guerre du Rif. Le futur Caudillo insufflera, à ses hommes, une dévotion à l'Espagne et une haine de ses ennemis poussée jusqu'au fanatisme. En chef respecté, il paie de sa personne et utilise le climat de crise national à son profit pour manipuler les médias et se présenter aux Espagnols et aux forces étrangères comme un homme providentiel.

- Reconnu par ses pairs après le débarquement d'Al-Hoceima, le général rentre dans le rang et se met à disposition de la monarchie. Dans l'espoir de restaurer l'autorité du roi sur une armée en pleine déroute après le désastre d'Anoual, le gouverneur de Catalogne, Primo de Rivera, le sollicite pour diriger la nouvelle Académie militaire de Saragosse, destinée à former des cadets fidèles à sa dictature.

- Mais la tendance d'Alphonse XIII à s'appuyer un peu trop sur l'armée pour gouverner creuse un fossé entre le trône et les élites. Face à l'opposition – appelant à l'instauration d'une république – le Caudillo choisit la prudence et reste fidèle à son souverain. Il lui restera loyal même après la fuite de ce dernier en 1931, ce qui lui vaudra la méfiance du ministre de la Guerre, Manuel Azana, qui l'envoie aux Baléares.

- La faiblesse de la gauche modérée face à la radicalisation des partis nationaux, la victoire arrachée par le Front populaire en février 1936, et l'escalade de violence qui culmine avec l'assassinat de Calvo Sotello balaient ses doutes. Sans attendre, il rallie le putsch militaire orchestré par Emilio Mola contre le Front populaire.

- Propulsé à la tête des opérations suite à la mort de Sanjurjo, il rejoint l'armée d'Afrique à Tétouan, et franchit le détroit de Gibraltar, fort du soutien militaire d'Hitler et Mussolini. Les gouvernementaux sont toutefois parvenus à conserver Madrid et les bassins industriels des Asturies et de Catalogne. À marche forcée, Franco réussit sa jonction avec les troupes d'Emilio Mola, au nord, et établit son quartier général à Cáceres. Mais aucun des deux camps ne s'impose. La guerre est désormais civile.

- Après l'échec du siège de Madrid en novembre 1936, l'intervention inattendue de Franco pour libérer les cadets de l'Alcazar de Tolède l'impose comme leader du camp nationaliste à l'extérieur du pays comme au sein de la Junte nationaliste. Le 21 septembre, Alfredo Kindelan et Emilio Mola lui apportent leur soutien comme chef de l'Espagne. Une semaine plus tard, la junte le proclame généralissime. Grâce à l'habileté de son beau-frère Ramon Suñer, Franco parvient à inscrire légalement son pouvoir dans la durée et se fait consacrer Caudillo.

- À partir du mois de mars 1937, Franco est en mesure d'organiser une offensive soutenue contre un camp républicain s'affaiblissant de plus en plus. Malgré la résistance des gouvernementaux, les nationalistes prennent le contrôle des provinces minières du nord au printemps 1937 et maintiennent leur pression jusqu'à la retraite des armées gouvernementales de Rojo derrière l'Èbre en novembre 1938, suivie de la prise de Barcelone et de la démission du président Azana et Negrín en mars 1939. Dans la foulée, le coup d'État du général Casado livre Madrid à Franco. La guerre civile est finie, mais, pour les vaincus, la pénitence commence.

- En vertu de la loi sur les responsabilités politiques, Franco poursuit les rouges d'une vindicte impitoyable et maintient le fossé entre vainqueurs et vaincus, sans jamais pardonner. Le seul fait de s'être opposé au Mouvement national est synonyme de mort. Le bilan de ses 36 ans de dictature est particulièrement lourd : 290 000 victimes, dont 105 000 fusillés, faisant du franquisme l'une des dictatures les plus sanglantes du XXe siècle.

- Lorsqu'éclate la Première Guerre mondiale, Franco rencontre le Führer à Hendaye, et, ensemble, ils établissent un accord. En échange du soutien logistique de la marine espagnole et de l'envoi de la division Azul sur le front de l'est, Hitler accepte que l'Espagne n'intervienne pas directement dans la guerre. Si, en voyant les victoires de l'Allemagne, le Caudillo commence à envisager un possible engagement auprès des vainqueurs potentiels, il change d'avis après avoir assisté à plusieurs défaites allemandes.

- Craignant de perdre son pouvoir si l'Allemagne venait à être vaincue, il procède à des réformes superficielles en associant au pouvoir des personnalités catholiques chargées de rassurer les États d'Europe de l'Ouest, influencés par le courant catholique démocrate. Avec le soutien de la Phalange, l'énergie des ministres du bloc catholique et sa lutte contre le communiste, Franco parvient à rendre sa dictature pérenne aux yeux des grandes puissances au point qu'il réintègre la communauté européenne en 1955.

- Mais si Franco tient le pouvoir au prix d'une répression sans concession et le contrôle politique de l'Église, l'autarcie dans laquelle il maintient le pays prépare les germes d'une transformation irréversible de la société. En 1956, l'action de la résistance communiste auprès des jeunes intellectuels de l'université de Madrid mobilise une nouvelle génération d'Espagnols désireux de dépasser le spectre de la guerre civile. Incapable de comprendre cette fracture, le Caudillo passe la main à une équipe de ministres technocrates chargés de reconstruire la légitimité du régime sur la croissance économique des années soixante. Bien que la politique de hausse des salaires et que l'ouverture de l'Espagne au tourisme aient permis de développer l'industrialisation, de relancer les investissements étrangers et de rehausser le niveau de vie de la bourgeoisie, des pans entiers de la société se désolidarisent de la dictature.

- En juillet 1969, la désignation du prince Juan Carlos de Bourbon à la succession pose la question de la survie du régime après la mort de Franco.

- Durant ses six dernières années, le Caudillo doit assumer la résurgence violente des revendications régionalistes basques et catalanes mises entre parenthèses pendant 40 ans.

- Franco meurt, usé par le pouvoir, le 20 novembre 1975, laissant enfin une occasion aux Espagnols de tourner la page de l'une des dictatures les plus longues du XXe siècle.

Votre avis nous intéresse !

Laissez un commentaire sur le site de votre librairie en ligne et partagez vos coups de cœur sur les réseaux sociaux !

POUR ALLER PLUS LOIN

SOURCES BIBLIOGRAPHIQUES

- AGUILAR FERNANDEZ (Paloma), « L'héritage du passé dans la transition espagnole », in *Matériaux pour l'histoire de notre temps*, vol. 70, année 2003, p. 34-42.
- BACHOUD (Andrée), *Franco, réussite d'un homme ordinaire*, Paris, Fayard, 1997.
- BENNASSAR (Bartholomé), *Franco*, Paris, Perrin, coll. « Tempus », 2002.
- BENNASSAR (Bartholomé), *Histoire des Espagnols*, Paris, Perrin, coll. « Tempus », 2010.
- CAMPUZANO (Francisco), *L'élite franquiste et la sortie de la dictature*, Paris, L'Harmattan, 2000.
- CROZIER (Brian), *Franco. Biographie*, Paris, Mercure de France, 1969.
- DEBRAY (Laurence), *Juan Carlos d'Espagne*, Paris, Perrin, 2013.
- DEFOURNEAUX (Marcelin), *L'Espagne de Franco pendant la Seconde Guerre mondiale*, Paris, L'Harmattan, 2007.
- DEL CASTILLO (Michel), *Le temps de Franco*, Paris, Fayard, 2008.
- DOCUMENTATION ESPAGNOLE, *L'œuvre du général Franco*, Bruxelles, 1937.
- MARMOL (Maité Molina), « Histoire, mémoire et politique : l'Espagne et la mémoire historique », in *Analyse de L'IHOES*, n° 136.
- PRESTON (Paul) et PALOMINO (Angel), *Franco, biographies croisées*, Paris, Jacques Grancher, 2005.
- PRESTON (Paul), *Franco. A Biography*, Fontana Press, Illinois, 1995.
- RICHARDS (Michael), *Time of Silence: Civil War and Culture of Repression in Franco's Spain*, Cambridge, Cambridge University Press, 1998.

- Rozenberg (Danielle), « La mémoire du franquisme dans la construction de l'Espagne démocratique, in *Bulletin trimestriel de la Fondation Auschwitz*, n° 117, 2014, p. 56-66.
- Suarez-Fernandez (Luis), « Franco : l'homme, le soldat, le politique », in Imatz (Arnaud), *La guerre d'Espagne revisitée*, Paris, Economica, 1993, p. 129-164.
- Silva (Emili) et Macias (Santiag), *Les fosses du franquisme*, Paris, Calmann Levy, 2008.

SOURCES COMPLÉMENTAIRES

- Beevor (Anthony), *La guerre d'Espagne*, Paris, Calmann-Lévy, 2006.
- Canal (Jordi), *Histoire de l'Espagne contemporaine de 1808 à nos jours*, Paris, Armand Colin, 2009.
- Esensein (George) et Shubert (Adrian), *Spain at War, the Spanish Civil War in Context (1931-1939)*, London, Longman, 1995.
- Hermet (Guy), *Les catholiques dans l'Espagne franquiste*, Paris, Presses de la Fondation nationale des sciences politiques, 1981.
- Hocq (Christian), *Dictionnaire d'histoire Politique du XXe siècle*, Paris, Ellipses, 2005.
- Imatz (Arnaud), *La guerre d'Espagne revisitée*, Paris, Economica, 1993.
- Labrousse-Courcelle (Vincent) et Marmié (Nicolas), *La guerre du Rif. Maroc 1921-1926*, Paris, Tallandier, 2008.
- Payne (Stanley), *La guerre d'Espagne, l'histoire face à la confusion mémorielle*, Paris, Éditions du Cerf, 2010.
- Payne (Stanley), *Phalange : histoire du fascisme espagnol*, Paris, Éditions Ruedo Iberico, 1965.
- Vaicbourdt (Nicolas), « L'administration d'Eisenhower et la diplomatie de l'anticommunisme », in *Communisme*, n° 80/82, 2005, p. 105-134.

SOURCES ICONOGRAPHIQUES

- Le rocher d'Al-Hoceima devant Ajdir. La photo reproduite est réputée libre de droits.
- Manifestation républicaine à Barcelone, 14 avril 1931. La photo reproduite est réputée libre de droits.
- Photo prise durant le siège d'Alcazar, 1936. La photo reproduite est réputée libre de droits.
- Ruines de Guernica, 1937. La photo reproduite est réputée libre de droits.
- Entrée des troupes républicaines à Teruel, 1937-1938. La photo reproduite est réputée libre de droits.
- Valle de los Caïdos. La photo reproduite est réputée libre de droits.

FILMS

- *Quand Franco est mort, nous avions trente ans*, film de Gustavo Cortès Bueno, Espagne, 2005.
- *Les Treize Roses* (*Terces Rosas*), film d'Emilio Martínez Lázaro, avec Pilar López de Ayala, Verónica Sánchez et Gabrielle Pession, Espagne, 2007.

www.50minutes.com

Éditeur responsable : Lemaitre Publishing
Avenue de la Couronne 382 | BE-1050 Bruxelles
info@lemaitre-editions.com

ISBN ebook : 978-2-8062-6671-2
ISBN papier : 978-2-8062-6672-9
Dépôt légal : D/2015/12603/290
Photo de couverture : © Dutch National Archives.

Conception numérique : Primento,
le partenaire numérique des éditeurs